두 아이를 키우며
쇼핑몰을 합니다

두 아이를 키우며 쇼핑몰을 합니다
워킹맘 창업 고군분투기

초판 1쇄 발행 2024년 10월 1일　　　지은이 이경미

펴낸이 김진규
책임편집 최민경
디자인 손주영
경영지원 정동윤

펴낸곳 (주)시프 | 출판등록 2021년 2월 15일(제2021-000035호)
주소 경기도 고양시 덕양구 권율대로668 티오피클래식 209-2호
전화 070-7576-1412
팩스 0303-3448-3388
이메일 seepbooks@naver.com

ISBN 979-11-92421-39-1 13590

• 이 책은 저작권법에 따라 보호를 받는 저작물이므로 무단 복제를 금합니다.
• 이 책의 전부 또는 일부를 이용하려면 반드시 저자와 (주)시프의 동의를 받아야 합니다.

당신의 일상에 숨어 있는 작은 재능을 인지하고, 당신의 빛깔을 세상에 더해 보면 어떨까? 이제 그어진 선을 벗어나, 당신만의 길을 창조할 시간이다.

> 지나고 나니 보이는 것들

내가 그리는 삶

인생은 마치 미리 그어진 선을 따라가는 듯했다. 학교, 직장, 결혼, 그리고 육아. 우리는 이 굵직한 이정표들을 지나치며 주어진 역할에 적응하느라 바빴다. 그 과정에서 진정 원하는 삶을 살았을까? 때로는 그저 버티는 것만으로도 버거웠을 것이다.

너무 오랫동안 주어진 선을 따라 타인의 시선에 맞춰 사느라 정작 자신이 무엇을 좋아하는지 깊게 생각해 보지 않았다. 그래서 "좋아하는 일을 하세요"라는 말이 마치 먼 나라 이야기처럼 들린다. 더욱이 '좋아하는 일'이란 뭔가 대단해야만 할 것 같다는 착각을 하곤 한다.

하지만 세상은 변했다. 먹고사는 게 삶의 목표일 수밖에 없었던 윗 세대와 달리, 지금은 각자가 좋아하는 일로 살 수 있는 시대가 되었다. 육아와 살림을 즐기는 이에게 그 일상이 빛나는 재능이 될 수 있는 세상이 온 것이다. 당신이 사소하게 여기던 작은 취미나 특기가 누군가의 삶을 변화시키는 힘이 될 수 있다. 바로 이 지점에서 창조적인 삶이 시작된다. 물론 그 과정이 항상 순탄하지만은 않을 것이다. 때론 어둠속을 더듬어 가야 할 때도 있을 것이다. 하지만 그 여정 자체가 우리의 삶을 더욱 풍요롭고 의미 있게 만들어 줄 것이다.

마음으로 커피숍을 열었다.

결과적으로 두 사람 모두 성공할 수도, 실패할 수도 있다. 하지만 그 여정에서 누가 더 행복했을까? 단순히 돈을 벌기 위해 시작한 사람은 위기를 겪을 때마다 괴로울 것이다. 반면 커피에 대한 열정으로 시작한 사람은 그 과정 자체를 즐기며, 역경 속에서도 새로운 것을 배우고 성장할 것이다.

먼 훗날 인생을 돌아봤을 때, 당신은 어떤 이야기의 주인공으로 살고 싶은가? 단순히 돈을 벌기 위해 일한 사람인가, 사랑하는 일을 하며 그 과정에서 성장하고 가치를 만들어 낸 사람인가?

창조하는 삶은 쉽지 않다. 하지만 그 과정에서 우리는 진정한 행복과 의미를 찾을 수 있다. 당신 안의 보석을 발견하고, 그것을 갈고닦아 빛나게 만드는 여정, 창조하는 삶은 바로 그 과정에 있다.

인생 2막, 창조하는 삶

숨겨진 보석을 발견했다고 해서 그것이 바로 빛나는 다이아몬드가 되는 것은 아니다. 금광에서 캐낸 원석이 보석이 되기까지는 긴 여정이 필요하다. 그 과정을 만들어 내는 것, 그것이 바로 창조하는 삶의 시작이다.

이는 자신이 좋아하는 일을 하며 돈을 벌고 내면이 성장하는 것을 의미한다. 이러한 국면에 접어들면 일은 더 이상 괴로움이 아니라 즐거움이 된다. 단순히 돈을 벌기 위해 시작했다면 한때 돈을 벌 수는 있겠지만 오래가긴 힘들다. 창조적인 삶을 살기 위해서는 돈 이상의 가치를 찾아야 한다.

예를 들어, 두 사람이 커피숍을 창업한다고 가정해 보자. 한 사람은 단순히 돈을 벌기 위해 시작했다. 다른 한 사람은 커피를 정말 좋아해 맛있는 커피를 만들기 위해 전국의 유명한 선생님들을 찾아다니며 배우고, 맛있다는 커피숍은 모두 방문해 보았다. 그렇게 개발한 자신만의 커피를 사람들에게 대접하고 싶은

함께 꾸는 꿈

지나고 나니 보이는 것들

재능, 당신의 평범함이 누군가에겐 특별함

사람들은 자신의 능력이 특별하다고 생각하지 않는다. 매일 하는 일들이 누군가에게는 어려운 일일 수 있다는 걸 모른다. 당신의 평범해 보이는 능력이 누군가에게는 대단한 재주일 수 있다. 특별히 배우지 않아도 요리를 잘한다거나, 춤을 잘 춘다거나 하는 것은 누군가에게는 갖고 싶어도 갖기 어려운 특별한 소질이다.

우리는 남들의 특별한 장점만 바라보느라 자신의 고유한 강점을 간과하기 일쑤다. 하지만 모든 사람은 자신만의 특별한 무언가를 가지고 있다. 그것은 거창한 것이 아니라 작은 행동, 습관, 생각 방식이기도 하다.

나에게는 별 볼 일 없어 보이는 작은 재능이 세상에 어떤 도움이 될지 찾아보고, 그것을 세상과 나누어라. 분명 그것은 돈 이상의 가치로 당신에게 돌아올 것이다. 당신의 작은 재주가 누군가의 삶을 변화시키고, 그 변화가 또 다른 변화를 만들어 내는 순간을 경험하게 될 것이다. 그때 비로소 자기 재능의 진정한 가치를 깨닫게 될 것이다.

많은 이들이 "나는 특별한 것이 없어요"라고 말하지만, 조금만 더 깊이 대화를 나눠 보면 그 안에 숨겨진 재주를 발견하게 된다. 그들의 눈이 반짝이며 이야기하는 순간, 바로 그 주제야말로 그들의 좋아하는 관심사이자 열정인 것이다.

그녀들에게 필요한 것은 자신의 재주를 세상과 공유하고자 하는 용기뿐이다. 자신의 능력이 누군가에게 가치 있을 수 있다는 믿음으로, 작은 시작을 두려워하지 않는 것이 중요하다. 물론 쉽지만은 않을 것이다. 때로는 실패도 경험하고, 주변의 의심 어린 시선에 상처 받을 수도 있다. 하지만 포기하지 않고 계속 나아간다면, 결국에는 자신 안에 잠재된 가능성을 세상과 나눌 수 있게 될 것이다.

처음에는 자신감 없이 시작했던 그들이 조금씩 자존감을 회복하고 역량을 펼쳐 가는 모습을 지켜보는 것은 참으로 감동적인 경험이었다.

당신도 이제 첫 걸음을 떼어 보는 건 어떨까? 시작은 작아 보여도, 그것이 당신의 인생에 얼마나 큰 변화를 가져올지 모른다. 그리고 그 변화는 분명 주변 누군가에게 또 다른 영감이 되어 새로운 시작을 만들어 낼 것이다. 이렇게 우리는 서로에게 작은 빛이 되어, 함께 더 밝은 내일을 만들어 갈 수 있다.

함께 꾸는 꿈

숨겨진 보석을 찾아서

우리 주변에는 놀라운 잠재력을 가진 이들이 많다. 특히 경력 단절 여성들 사이에서 발견하는 숨은 재능은 참으로 놀랍다. 그들은 마치 감춰진 원석과도 같다. 대부분 스스로도 인식하지 못한 채 일상에 묻혀 있지만, 누군가 가치를 발견하고 빛을 비추면 찬란하게 빛나기 시작한다.

나와 함께 일했던 많은 여성들은 현재 자신도 미처 몰랐던 각자의 강점으로 세상에 기여하고 있다. 그들에게는 단순히 경제적 이유만이 아니라, 자신의 가치를 실현하고 세상과 소통하고자 하는 열망이 있다.

재능이란 거창한 것이 아니다. 일상에서 발견되는 작은 즐거움, 남들은 지나치지만 자신은 놓치지 않는 세심한 관찰력, 혹은 단순히 무언가를 만들어 내는 즐거움 등이 모두 고유한 능력의 씨앗이 될 수 있다. 중요한 것은 그 가능성을 인지하고, 키워나갈 용기를 갖는 것이다.

지나고 나니 보이는 것들

인생의 행복은 과정에 있다

우리는 종종 결과에 집착한다. 학창 시절부터 좋은 성적을 받기 위해, 좋은 대학에 가기 위해, 좋은 직장을 얻기 위해 끊임없이 달려왔다. 하지만 그 과정에서 정작 중요한 것들을 놓치지는 않았을까?

철학자 니체는 "목적 없는 산책이야말로 가장 귀중한 것"이라고 말했다. 이는 단순히 걷기에 대한 이야기가 아니라, 삶의 자세에 대한 깊은 통찰이다. 결과만을 좇으면 우리는 현재를 온전히 경험하지 못하게 된다. 과정 속에서 얻을 수 있는 귀중한 배움과 성장의 기회를 놓치게 된다. 유튜브가 끊임없이 노출하는 '빠른 성공'에 현혹된다. 하지만 진정한 가치는 시간과 노력을 통해 천천히 쌓아 가는 것이다.

그녀는 빠른 성공이나 화려한 결과를 좇지 않고, 매 순간 바느질을 즐기며 자신의 여정을 엮어 왔다. 그 과정에서 그녀는 단순한 기술 향상을 넘어 삶의 깊이를 더해갔다.

결국 우리가 추구해야 할 것은 **의미 있는 과정**이다. 목표를 향해 나아가되, 그 길 위에서 매 순간을 온전히 경험하고 즐기는 것. 그것이야말로 진정한 삶의 풍요로움을 가져다주지 않을까? 지금의 내 경험은 과연 의미 있는 과정인가를 매 순각 자각해야 한다.

다. 그녀와 나누는 사업 이야기는 언제나 흥미진진하다. 남편을 만나지 않았다면 아마 대단한 사업가가 되었을 거라 확신한다. 하지만 그랬다면 과연 지금보다 더 행복했을까? 알 수 없다.

나는 여전히 그녀의 재능이 아쉽다. 하지만 동시에 그녀가 지금 누리는 행복을 존중한다. 둘째가 대학에 가면 그녀의 취미가 새로운 직업이 될 수 있지 않을까 기대해 본다.

우리 쇼핑몰에서 그녀의 핸드메이드 파우치를 판매하고 있다. 그녀의 재능이 아까워 그렇게라도 함께하고 싶었다. 그녀는 작은 파우치 하나 만드는 과정도 찍어 유튜브에 남긴다. 작은 것 하나에도 남다르다. 나는 그녀가 평생 사랑하는 일을 하며 행복하게 살아가는 모습을 보고 싶다. 그리고 함께하고 싶다.

이런 그녀를 보며 나는 생각한다. 성공의 정의는 사람마다 다르며, 진정한 행복은 자신만의 속도로 꿈을 향해 나아가는 과정에 있는 게 아닐까.

천히, 하지만 확실하게 실력을 쌓아 갔다. 그녀에게 바느질은 순수한 즐거움과 행복 그 자체였다. 바느질에 몰입하며 느끼는 기쁨이 그녀를 움직이게 했고, 실력은 자연스러운 보상이었다. 언젠가 이 취미가 직업이 될 수도 있다는 가능성은 열어두었지만, 그것이 주된 동기는 아니었다.

그저 좋아서, 행복해서 꾸준히 해 온 일이 어느새 대단한 실력으로 발전한 것이다. 그 모습을 보며 나는 생각했다. 어쩌면 이것이 진정한 행복 아닐까. 결과에 얽매이지 않고 과정을 즐기며 살아가는 것. 그 열정이 언젠가 새로운 기회로 이어질 수 있다는 것. 그것이 바로 그녀가 보여주는 삶의 모습이었다.

그녀의 이력은 화려했다. 유명 신문사 편집기자 출신에, 남편은 대기업에서 촉망받는 인재였다. 그 좋은 신문사를 과감히 떠나 독립해 회사를 차렸고, 온라인 쇼핑몰까지 창업했다. 아동복 사업으로 대박을 터뜨리기도 했다. 무엇보다 두 아이를 키우는 슈퍼맘이었다.

그녀의 가족은 그 모든 것을 뒤로하고 시골살이를 선택했다. 수학을 사랑하는 남편은 학원을 열어 아이들을 가르치며 남는 시간에 연구를 하며 행복해했고, 그녀는 아이들을 키우며 바느질을 하고, 학원 일을 도왔다. 그들에게서 나는 이상적인 부부의 모습을 본다. 성공이라는 열차에서 내려 진정한 행복을 찾는 그들을 보면, 나는 내 삶을 되돌아보게 된다.

물론 그녀의 DNA 속에는 여전히 사업가의 기질이 숨어 있

함께 꾸는 꿈

7호 꿈의 조력자 — 바느질로 꿈을 잇는 그녀

그녀와의 첫 만남은 동네 주민 센터 바느질 모임에서였다. 매주 한 번, 우리는 도시락을 싸들고 모였다. 바느질도 좋았지만, 어른이 되어 함께 나누는 도시락의 온기가 더 따뜻하게 느껴졌다.

그녀의 손바느질 실력은 특별했다. 단순한 취미가 아닌, 10년이 넘는 세월 동안 꾸준히 이어 온 그녀만의 세계였다. 퀼트에서 시작해 자수, 재봉으로 그 영역을 넓혀 갔고, 급기야 자신만의 공간에서 수업을 진행하기에 이르렀다. 그녀에게 바느질은 평생의 업이 되어가고 있었다.

나를 포함해 많은 이들이 빠른 성공을 좇아 이리저리 헤매곤 한다. 단기간에 배우고, 도전하고, 실패하면 바로 포기한다. 그리고 또 다른 것을 찾아 하이에나처럼 달려든다. 하지만 이런 과정이 반복되면 우리 마음 한구석에는 채워지지 않는 공허함이 자리 잡는다. 성공이든 실패든 그 결과와 상관없이 말이다.

그녀는 달랐다. 자신이 좋아하는 일에 꾸준히 매진하며 천

더 높은 삶의 만족도로 이어질 수 있다.

우리는 종종 안정과 높은 수입을 좇다가 정작 진정으로 원하는 것을 잃어버리곤 한다. 진정한 성공이란 무엇인지, 어떤 삶이 더 가치 있는지에 대해 깊이 생각해 볼 필요가 있다. 당장은 적게 버는 것 같아 보이는 선택이 장기적으로 봤을 때 더 큰 행복과 성취감을 가져다줄 수 있다.

지나고 나니 보이는 것들

세렝게티, 그 자유를 위한 도전

창업의 여정에서 많은 이들이 겪는 가장 치명적인 도전은 초기에 투자한 시간과 노력에 비해 수입이 적다는 점이다. 이로 인해 많은 창업자들이 좌절감을 느끼곤 한다. 그녀 역시 디자이너로 돌아가 더 많은 수입을 얻을 수도 있었지만, 그럴려면 자신의 꿈을 포기해야 했다. 이는 많은 창업자들이 직면하는 딜레마다.

세상에 공짜는 없다. 높은 수입은 그만큼의 부담과 스트레스를 동반한다. 디자이너로서 단순히 작업만 하는 것이 아니라 중간관리자로서 위아래를 조율하고 클라이언트를 상대해야 하는 책임이 따른다. 이런 상황이 과연 행복할까? 그녀는 그렇지 않다고 판단했다.

그래서 그녀는 당장은 적게 벌더라도 자신이 모든 결정을 내리고, 그 결정에 자신의 미래를 걸 수 있으며, 즐겁게 오래 할 수 있는 일을 선택했다. 이것이 바로 많은 사람들이 창업을 선택하는 이유다.

물론 많은 창업자들이 초기의 어려움을 견디지 못하고 기존의 안정적인 직업으로 돌아가곤 한다. 하지만 성공적인 창업은 단순히 경제적 이익만을 추구하는 것이 아니라, 자신의 가치관과 열정을 실현하는 과정이다. 이 과정에서 겪는 어려움과 도전은 오히려 개인의 성장과 역시 위기를 잘 넘길 수 있었다.

　이렇게 서로의 상황을 이해하고 도움을 주고받는 친구이자 동료가 있다는 것이 얼마나 큰 축복인지 새삼 느끼게 되었다. 우리는 각자의 사업을 하면서도 서로에게 없어서는 안 될 든든한 지원군이 되었다.

함께 꾸는 꿈

니스 전략이 아니라 스스로를 믿고 자신만의 길을 갈 용기였기 때문이다.

생각이 많고 조심스러운 사람들은 스스로 안 될 이유를 수없이 만들어 내곤 한다. 나는 그녀가 그 모든 하지 말아야 할 이유를 뒤로하고 해야 할 이유 하나를 찾길 바랐다. 또한 그녀의 능력과 잠재력을 믿었기에, 어떤 조언보다 따뜻한 시선으로 지켜보는 것이 더 큰 힘이 될 거라 생각했다.

백일 떡과 돌떡의 판매 특성상 주말에 주문이 몰렸고, 상대적으로 주중에는 시간적 여유가 있었다. 이런 그녀의 스케줄은 우리 모두에게 도움이 되었다. 수입보다 지출이 많은 창업 초기의 상황에서, 내 일을 부탁하는 것이 서로에게 윈윈이 될 수 있었다.

코로나19 팬데믹 시기, 나는 제주도 한 달 살이를 계획했지만 단기간 동안 일을 맡길 사람을 구하기 어려웠다. 그때 그녀가 나의 구원군이 되어 주었다. 주문이 적은 주중에 그녀는 기꺼이 내 일을 도왔고, 이는 그녀에게 자유로운 시간을 활용해 부업으로 추가 수입을 얻는 기회가 되었다.

그녀는 주중 저녁에 하는 앨범 작업이 오히려 힐링의 시간이 되었다고 했다. 막 창업한 사장으로서 여러 가지 복잡한 생각으로 가득했는데, 앨범 작업에 집중하는 동안은 그런 고민들을 잠시 내려놓을 수 있었다고 한다. 비록 큰 금액은 아니었지만, 이 부업이 그녀에게 작은 위안이 되었다. 그녀의 도움 덕분에 나

6호 꿈의 조력자 — 떡으로 빚어낸 달콤한 성공

디자이너로 일하던 시절, 그녀는 가장 친한 동료였다. 꼼꼼함과 실력으로 나를 늘 놀라게 했다. 결혼과 육아로 내가 일을 그만둔 후에도 그녀는 인정받는 디자이너로 업계에 남았다. 하지만 40대에 접어들면서 새로운 꿈을 찾겠다고 선언했고, 뜻밖에도 전통 떡과 디저트의 세계로 뛰어들었다. 그 선택이 그리 당황스럽지는 않았다. 그녀의 집을 방문할 때마다 직접 만든 떡과 음료에 감탄했고, 마치 고급 찻집에 온 듯한 느낌이었기 때문이다.

창업을 위해 무언가를 배우는 사람은 많이 봤지만, 1년 내에 창업하고 매출을 이끌어 내는 사람은 거의 없었다. 그녀는 그 어려운 것을 해냈고, 그 사실만으로도 무한한 박수를 보내고 싶었다.

물론, 그 1년의 기간이 쉽지만은 않았다. 그동안 수많은 궁금증과 고민을 나눴다. 창업 선배로서 해 주고 싶은 말은 많았지만, 섣부른 조언을 삼갔다. 그녀에게 진정으로 필요한 것은 비즈

함께 꾸는 꿈

지나고 나니 보이는 것들

연꽃 향기는 멀어질수록 향기롭다

우리의 삶은 종종 예상치 못한 일을 맞이하곤 한다. 대부분의 사람들
은 갑작스러운 어려움에 좌절하지만, 그녀는 달랐다. 주어진 상황을
적극적으로 받아들이며, 그 속에서 새로운 가능성을 발견했다. 진흙
속에서도 꿋꿋이 피어나는 연꽃처럼, 그녀는 어려울 수 있는 상황에
서도 자신의 본질을 잃지 않았다. 오히려 그 경험을 바탕으로 주변과
세상에 긍정적인 영향을 미치는 존재가 되었다.

연꽃의 다양한 의미 중 '계향충만(戒香充滿)'이라는 뜻이 있다. 연꽃이
피면 물속의 냄새는 사라지고 향기만 연못에 가득하다. 한 사람의 인
간애가 사회를 훈훈하게 만들기도 한다. 사람의 인품이 그윽한 향을
뿜어서 사회를 정화한다.

그녀를 보면 연꽃 향기가 난다. 그 향이 내게도 물들기를 바라본다.

는 깨달았다. 우리 각자가 가진 재능과 열정이 세상에 퍼져 나갈 때, 그것이 얼마나 아름다운 변화를 만들어 내는지를. 그녀의 이야기는 한 사람의 작은 에너지가 얼마나 많은 이들의 삶을 풍요롭게 할 수 있는지를 보여주는 살아 있는 증거다.

함께 꾸는 꿈

당분간 일을 할 수 있을 거란 생각은 못했어! 네 덕분에 나도 다시 일할 수 있구나 처음 깨달았어. 너무 고마워." 그 말끝에 미세한 희망의 떨림이 느껴졌다. 이후 남는 시간에 어린이 도서 영업사원 일까지 시작했고, 자유롭게 시간을 쓸 수 있는 일의 매력에 빠져 1년 만에 판매왕이 되었다.

일을 다시 시작한 그녀에게서 자신감의 에너지가 느껴졌다. 그녀는 일을 해야 행복한 사람이었다. 팬데믹으로 남편의 재택근무가 늘어나자, 경력을 살려 근처 초등학교 보건교사로 취업했다. 대학병원에 취업할 만큼 실력이 뛰어났지만, 아이와 시간을 많이 보낼 수 있는 학교를 선택했다.

그녀가 있는 보건실은 아이들과 선생님들의 상담실이자 쉼터가 되었다. 뉴스 기사에 따르면, 아이들의 우울증 상담에서 첫 질문이 "아이가 일주일에 몇 번 보건실에 가나요?"라고 한다. 보건실이 몸의 상처뿐 아니라 마음의 상처까지 치료해 주는 역할을 한다는 것을 보여주는 대목이다.

여러 학교를 이동했지만, 그녀는 가는 곳마다 '피리 부는 사나이' 같았다. 동화 속 피리 부는 사나이가 아이들을 모았듯, 그녀는 상처 받은 마음들을 보건실로 모았다. 아이들뿐 아니라 선생님들까지 그녀의 보건실로 이끌었다. 많은 사람들의 마음을 치유하고 힘을 주는 그녀의 재능이 빛을 발하고 있었다.

그녀가 다시 멋지게 일할 수 있게 된 첫 발걸음에 내가 작은 디딤돌이 되어 준 것 같아 뿌듯하다. 그녀의 여정을 지켜보며 나

5호 꿈의 조력자 ─ 몸과 마음의 치유자

그녀는 내가 가장 존경하는 사람 중 하나다. 강인하면서도 따뜻
하며, 타인을 향한 마음을 지녔다. 내가 가장 힘든 때 곁에서 큰
힘이 되어 주었다.

서울대학병원 응급실 간호사였던 그녀는 둘째를 낳고 아이
의 건강 문제를 발견하여 전업주부로 전향했다. 전문직을 그만
두었지만, 그녀의 돌봄 정신은 여전했다. 집에는 언제나 아이들
의 친구들로 가득했고, 외에도 많은 사람들이 그녀에게서 위로
와 도움을 받았다. 하지만 둘째 옆에 있어야 했기에 정식으로 일
을 하기는 어려웠다.

나는 그녀에게 시간 될 때 우리 사무실에서 일하기를 요청
했다. 손이 빠르고 일머리가 있어, 가르쳐 준 방법을 더 좋게 개
선하며 일했다. 게다가 아이가 아프거나 일이 있을 때도 밤을 새
워 물량을 맞출 만큼 책임감이 높았다.

이 일을 통해 그녀는 오랜만에 돈을 벌었다. "아이 때문에

성 지나고 나니 보이는 것들 성

남 눈엔 보석, 내 눈엔 돌멩이

대부분의 사람들은 자신의 장점을 잘 모른다. 알아도 그 가치를 과소
평가하곤 한다. 반면 나는 타인의 장점, 특히 어떤 일을 잘할 수 있을
지 꽤 정확하게 파악한다. 오랜 시간 함께 일하고 대화하며 그 사람의
행동을 지켜보기 때문이다.

타인의 장점을 더 잘 볼 수 있는 이유는 적당한 거리가 있기 때문이다.
가족은 오히려 너무 가까워서 객관적으로 보기 어렵다.

하지만 누군가의 장점을 발견해 알려 준다고 그 사람이 바로 변화하는
건 아니다. 대부분 자신의 장점을 과소평가하기 때문이다. 춤을 잘 추
는 사람은 그게 얼마나 큰 재능인지 모른다. 오랫동안 자연스럽게 해
온 일이라 특별하다고 생각하지 않는 것이다. 하지만 몸치이거나 남
앞에 서기 어려운 사람들에겐 정말 대단한 능력이다.

결국, 진정한 성공은 자신을 믿는 데서 시작한다. 타인이 장점을 발견
해 줄 순 있어도, 그걸 키우고 꽃피우는 건 스스로의 노력과 의지다.
자신의 재능을 인식하고 그 가치를 믿을 때, 비로소 변화가 시작된다.

신반의했지만, 2년 동안 열렬한 팬이 되었다.

운동에 푹 빠진 그녀의 몸매는 눈에 띄게 변화했다. 팬데믹 이후, 우리가 함께 수강했던 그 근력 운동 선생님이 오프라인 공간을 열자 그녀는 더욱 열정적으로 참여했다. 그녀의 열정은 거기서 그치지 않고 에어로빅과 필라테스 자격증 취득으로 이어졌다. 세 아이의 엄마이자 여러 직책을 맡고 있으면서도, 그녀는 아침에 운동하고, 낮에 자격증 공부를 하고, 오후에 우리 작업실에서 일하고, 저녁엔 가족을 돌보는 바쁜 일과를 소화해 냈다.

현재 그녀는 주민 센터에서 운동 수업을 하고 개인 레슨도 하면서 여전히 우리 회사 일도 병행하고 있다. 그녀의 외향적인 성격과 카리스마 있는 지도력을 보면, 정말 그녀에게 딱 맞는 직업을 찾은 것 같다.

어쩌면 나이 들어 시작한 운동 강사로서의 길이 젊은 강사들 사이에서 장점이 될 수 있다. 고령화 시대에 건강에 관심 많은 어르신들에게 그녀의 경험과 접근법이 더 적합할 수 있기 때문이다.

그녀는 사업적으로 가장 힘든 시기에 가장 오래된 직원임에도 불구하고 먼저 그만둔다고 말해서 나의 부담을 덜어 주었다. 그리고 상황이 나아졌을 때 가장 먼저 다시 일하기를 청했던 직원이기도 하다. 그렇게 우리는 사장과 직원의 사이를 넘어 함께 인생을 걸어가는 든든한 지원군이 되고 있다.

함께 꾸는 꿈

4호 꿈의 조력자 — 40대에 운동 강사로 인생 역전

그녀는 유쾌하고 외향적인 사람이다. 내향적인 나와 달리, 그녀에게선 넘치는 에너지가 느껴진다. 그 활발한 성격만큼이나 외부 활동도 많아서 학교 학부모 회장, 동네 반장 등 여러 모임의 리더 역할을 맡고 있다.

우리 회사에서 그녀는 가장 오래 일한 직원 중 한 명이며, 첫 직원이기도 하다. 손재주가 좋고 꼼꼼해서 작업 방법을 몇 번 알려 주지 않아도 나보다 완성도 높게 일을 해냈다. 그녀의 꼼꼼함과 완벽주의적 성격 덕분에 새 직원이 들어올 때마다 오리엔테이션을 믿고 맡긴다.

그녀의 또 다른 재능은 댄스다. 넘치는 흥을 보며 "자기는 댄서가 됐어야 했는데~"라고 아쉬워했다. 하지만 날고 기는 사람들이 많다며 취미로만 즐겼다. 춤을 출 때 얼마나 행복한 모습인지 스스로 알지 못하는 것 같았다. 코로나19 팬데믹 시기, 그녀는 줌으로 하는 근력 운동 수업을 나에게 추천했다. 처음엔 반

지나고 나니 보이는 것들

남의 성공은 내 꿈의 참고서
나의 성공은 나만의 설계도

성공한 사람들은 처음 성공을 거둔 방식을 고수하는 경향이 있다. 부동산 투자를 보면 아파트로 처음 돈을 번 사람은 계속 아파트에 투자하고, 상가나 땅으로 성공한 사람은 동일 종목만 다룬다.

온라인 비즈니스도 마찬가지다. 구매 대행으로 성공한 사람은 그 방법을 가르치고, 유튜브로 돈을 번 사람은 유튜브가 최고라고 말한다. 이는 직접 경험한 성공 방법이 가장 확실하게 느껴지기 때문이다.

나 역시 그랬다. 앨범과 아이 용품으로 쇼핑몰을 시작해 자리를 잡자 다른 분야로의 확장이 어려웠다. 하지만 그녀는 내가 판매하는 제품에 의존하지 않고, 자신의 경험과 경력을 살려 마스크 줄이라는 시의적절한 상품을 만들어 냈다. 온라인 판매 방식은 나에게서 도움을 받았을지 모르지만, 상품 자체는 그녀의 전문성에서 비롯된 것이다.

이를 통해 진정한 성공은 자신의 강점을 새로운 기회와 연결시키는 데서 온다는 것을 알게 되었다. 결국 창업은 남을 따라가는 게 아니라 내 안의 가능성을 발견하고 키우는 과정이다. 우리 모두에겐 각자의 길이 있다. 그 길을 찾아 걸어가는 것, 그것이 진정한 의미의 창업이 아닐까.

의 방식을 선택했다. 그 결과, 단순한 카페를 넘어 다양한 경험을 제공하는 복합 문화 공간이 탄생했다. 이런 그녀의 도전 정신과 포용력 있는 비즈니스 모델은 나에게도 큰 영감이 되고 있다.

앞으로도 그녀는 많은 시행착오를 겪을 것이다. 하지만 지금처럼 자신만의 방식으로 그 과정들을 잘 겪어 내리라 믿어 의심치 않는다. 그리고 다른 이들과 함께 성장하고자 하는 마음이 결국 그녀를 큰 성공으로 이끌 것이라 믿는다.

다고 말해 왔지만, 실제로 행동으로 옮기는 건 소수였다. 본인의 의지가 있어야만 가능한 일이다. 그녀는 그 의지와 실행력을 완벽하게 보여주었다.

마스크 줄은 대박 났다! 손이 모자랄 정도로 팔렸다. 가족, 친구, 단체 주문으로 대량 구매되고 반복 구매가 이뤄졌다. 내가 파는 앨범은 단가는 높지만 한 사람이 구매할 수 있는 양은 평생 한두 번이 전부이다. 나는 오히려 그녀에게서 한 수 배웠다.

코로나 이후, 그녀는 집 근처에 은공방 카페를 열어 사장이 되었다. 작은 성공의 경험은 다음 도전으로 갈 수 있는 힘을 보태 주었다. 더 놀라운 건 그녀가 이 공간을 다른 이들과 나누며 함께 일한다는 점이다. 조향사 친구에게 한쪽을 내주어 향수를 만들게 하고, 요식업 경험이 있지만 쉬고 있던 친구에게 일할 기회를 제공했다. 여러 사람이 카페에서 일하는 만큼 수익을 나눌 수 있는 구조를 만들기 위해 고심하고 있다.

그녀의 도전은 여기서 멈추지 않았다. 카페 운영에 안주하는 대신, 주얼리 체험 관련 외부 강의를 확대하고 온라인 판매를 위한 준비도 착실히 진행하고 있다. 자신의 전문 분야를 끊임없이 확장하려는 그녀의 열정에 나는 자극을 받았다.

카페 인테리어와 운영에 들어가는 막대한 비용을 고려하면, 누군가와 공간을 나눈다는 것은 결코 쉬운 결정이 아니다. 솔직히 나라면 시도조차 하지 못했을 일이다. 그러나 그녀는 자신의 재능을 살리면서도 다른 이들에게 기회를 제공하는 기버(giver)

함께 꾸는 꿈

은 예술 작품처럼 돌돌 말려 벽면에 전시되었고, 원단들은 모두 라벨링되어 선반에 착착 정리되었다. 이런 마법을 부린 그녀 역시 시누이와 시어머니로부터 잠시나마 벗어날 수 있는 공간이 생겨 다행이라고 했다.

사무실에 있는 시간이 늘어나면서 그녀도 내 일에 관심을 갖게 되었고, 나는 그녀의 재능이 아까워 주얼리를 온라인에서 판매해 보라고 제안했다. 그녀는 행동이 빨랐다. 팬데믹이 시작되던 시기, 마스크 줄을 만들어 판매하겠다고 나섰다. 솔직히 단가가 너무 낮아 남는 게 없을 거라 생각했지만, 온라인 쇼핑몰 창업 과정에서 배울 게 많을 거라 여겨 말리지 않았다.

마스크 줄에 조금이나마 힘을 실어 주고 싶어, 네이밍 차별화를 제안했다. 우리 사무실의 인쇄기를 활용하여 이름을 박은 특별한 마스크 줄이라면 승산이 있을 것 같았다. 그녀는 이 아이디어를 적극 수용했다. 곧바로 동대문 시장에서 마스크 줄 원단을 구매하고, 주얼리 디자이너로서의 안목으로 예쁘면서 살에 닿아도 알레르기 반응이 없는 연결 고리를 선택했다. 그리고 손으로 마스크 줄을 직접 제작하고, 사진 촬영, 사업자등록, 네이버 스마트스토어 입점까지 모든 과정을 순식간에 처리했다.

그녀가 이렇게 빠르게 움직일 수 있었던 건 내가 가진 온라인 쇼핑 관련 기반이 있었기 때문일 수도 있겠지만 가장 중요한 것은 본인의 열정과 능력이 있었기에 가능한 일이었다. 나는 지금껏 모든 직원들에게 자신의 일을 하고 싶다면 적극 지원하겠

3호 꿈의 조력자 ─ 마스크 줄로 대박 난 그녀의 비결

그녀는 실력을 인정받는 주얼리 디자이너였다. 판매 능력까지 뛰어나 어떤 사장이라도 놓치고 싶지 않아 할 직원이었다. 특유의 싹싹함과 상대의 불편함을 민감하게 캐치하는 능력 덕에 동료들 사이에서도 인기가 많았다. 하지만 연로하신 시어머니를 모시기 위해 시골로 들어왔고, 아이의 초등학교 입학이 다가오면서 서울 출퇴근은 현실적으로 어려워졌다. 그렇게 그녀는 자신의 일을 잠시 접고 전업주부가 되었다.

세상에는 일을 해야만 살 수 있는 사람이 있다. 누가 시키지 않아도, 스스로 일을 만들어서라도 하는 사람. 나는 그런 종류의 사람이고, 그녀 또한 같은 부류임을 금방 알아볼 수 있었다. 일에 대한 열정과 에너지가 그녀의 모든 행동에서 느껴졌다.

작업실이 한창 바쁠 때, 나는 그녀에게 도움을 요청했다. 시간당 비용을 지불하고 그녀가 원하는 시간에 잠깐씩 와서 일해달라고 했다. 그녀의 손길이 닿은 곳은 순식간에 변했다. 가죽들

함께 꾸는 꿈

◯ 지나고 나니 보이는 것들

가야 할 길을 알고 있다

많은 사람들이 자신이 진정으로 좋아하는 일을 모른다고 말한다. 나 역시 그랬다. "좋아하는 일을 하라"라는 조언은 흔하지만, 정작 그 일을 찾는 것은 쉽지 않다. 하지만 다양한 경험을 쌓다 보면, 우리는 자연스럽게 우리가 좋아하는 길로 향하게 된다. 그녀의 경우가 그랬다. 내가 아무리 돈을 버는 방법을 가르치려 해도, 그녀는 결국 남을 돕는 일로 자신의 길을 찾았다. 이는 각자의 내면에 이미 우리가 가야 할 길이 있음을 보여준다. 그러므로 두려워하지 말고 시도해 보라. 당신의 운명은 결국 당신이 진정으로 원하는 곳으로 인도할 것이다.

현재 그녀는 사회복지사로 일하고 있다. 주말에는 교회에서 아이들을 가르치며 그녀가 가진 나눔의 재능을 펼치고 있다. 내게는 그녀의 재능이 돈을 벌 수 있는 능력으로 보였지만, 그녀에게 진정으로 중요한 건 타인을 돕는 일이었던 것 같다.

창업은 단순히 돈을 버는 것 이상의 의미가 있다. 그것은 자신이 진정으로 무엇을 좋아하고, 어떤 일에서 가치를 찾는지 알아 가는 과정이다. 모든 사람이 창업을 해야 하는 것은 아니지만, 그 과정에서 얻는 경험은 인생에 큰 도움이 된다고 믿는다.

그녀의 경우, 이 여정을 통해 돈을 버는 것보다 타인을 돕는 일에서 더 큰 행복을 찾았다. 그리고 그 깨달음을 바탕으로, 자신의 열정을 살리면서도 생계를 유지할 수 있는 사회복지사라는 직업을 선택했다. 이것이야말로 그녀가 가장 행복하게, 그리고 오래 할 수 있는 일이 아닐까 생각한다.

함께 꾸는 꿈

니었지만, 작은 것 하나 소홀히 하는 법이 없는 그녀였다. 지인들에게 주는 반찬임에도 정성을 다해 스티커를 제작하고 반찬통을 준비했다. 다 만들어진 반찬을 사무실에 가져다 놓으면 사람들이 직접 가져가고, 못 오는 이들에게는 배달 서비스도 했다.

반찬 서비스는 순조롭게 시작되는 듯했지만, 곧 여러 어려움에 직면했다. 소량 조리에 익숙했던 그녀가 대량으로 반찬을 만드는 건 체력적으로 쉽지 않았고, 가정집에서 하는 데 한계가 있었다. 게다가 직접 농사지은 고춧가루, 들기름, 참기름 같은 고급 재료를 양껏 사용해 수지타산이 맞지 않았다. 지인들을 위한 서비스라 가격을 올리지도 못하고, 저렴한 재료를 쓸 수도 없었다. 결국 몇 달 만에 손목 무리로 그만두게 되었다.

그녀에게 이 경험은 실패였을까? 아마 그렇지 않을 것이다. 오히려 이 경험을 통해 자신이 진정으로 원하는 것이 무엇인지 깨달았을지도 모른다. 반찬 서비스를 그만둔 후, 그녀는 새로운 길을 모색하기 시작했다. 타인을 돕고 나누는 일에 더 큰 보람을 느꼈던 그녀는 결국 사회복지 분야로 눈을 돌렸다.

대학에 진학해 사회복지학을 전공하기로 결심한 그녀는 우리 사무실에서 일을 하면서 공부까지 해냈다. 더욱 대단한 것은 무려 세 아들의 엄마라는 점이다. 엄마로서, 직장인으로서, 학생으로서 어느 하나 소홀함 없이 자신 안에 있는 열정을 불태웠다. 우리 회사의 유연한 근무 환경이 그녀의 노력에 작은 도움이 될 수 있어 너무 다행이었다.

2호 꿈의 조력자 ─ 맛의 여신

그녀는 동네에서 금손이라고 불렸다. 요리, 바느질, 뜨개질, 비누 만들기 등 손으로 하는 대부분의 일을 쓱 한눈으로 보고 그대로 따라 하는 대단한 실력의 소유자였다. 특히 요리 실력은 타의 추종을 불허했다. 김치 하나만 넣고 비벼도 그 깊은 맛에 바닥까지 싹싹 긁게 만들 정도였다. 이런 손재주 덕분에 핸드메이드 작업이 많은 내 사업에 가장 적합한 직원 중 하나였고, 오랫동안 함께 일했다. 하지만 자신의 실력이 얼마나 대단한지 모르는 듯했고, 그 많은 재능을 학교 행사나 교회 봉사에만 쓰는 걸 보며 안타까웠다. 일하는 내내 뭐든 팔아 보라고 적극 추천했지만, 온라인에 익숙지 않아 선뜻 나서지 못했다.

하지만 빛나는 실력을 알아보는 사람은 나뿐만이 아니었다. 주변에서 그녀가 만든 음식이라면 돈을 주고 사겠다는 사람이 줄을 섰다. 결국 예약자에 한해 일주일에 두 번 반찬을 만들어 주기로 했다. 나는 첫 번째로 주문했다. 비록 정식 사업은 아

함께 꾸는 꿈

$$\boxed{\text{지나고 나니 보이는 것들}}$$

조용한 응원

그녀는 쇼핑몰을 열지 않았어도 지금의 자리에 있었을 거다. 그 씨앗
은 이미 그녀 안에 있었으니까. 내가 한 일이라곤 그 씨앗이 자랄 수 있
는 작은 터전을 내어 준 것뿐이었다.

처음엔 일하고 싶어 하는 엄마들에게 "할 수 있어!"라며 쉽게 등을 떠
밀곤 했다. 하지만 움직이지 않는 이들을 보며 답답했고, 할 수 없는
변명만 늘어놓는 모습에 실망하기도 했다.

시간이 지나고서야 알았다. 섣부른 조언이 오히려 상대를 작아지게 만
들 수 있다는 걸. 사람마다 각자의 속도와 때가 있다는 걸. 어쩌면 묵묵
히 내 길을 가는 모습 자체가 그들에겐 더 큰 힘이 될 수 있다는 걸.

이젠 누군갈 함부로 재촉하지 않는다. 그들이 준비되어 도움을 청할
때, 그 작은 허들을 넘을 만큼만 손을 내민다. 너무 먼 미래, 너무 큰
계획이 오히려 발목을 잡을 수 있다는 걸 이제는 안다. 이 경험이 내게
준 깨달음은 크다. 앞으로도 주변 사람들의 잠재력을 믿되, 그들의 보
폭을 존중하며 조용히 응원하려 한다. 그래야 오래갈 수 있다. 일도 관
계도.

다. 우리 사무실 한편에 있던 중고 전신 거울은 이제 내 집 거실에서 나를 비춘다. 이 거울을 볼 때마다 그녀의 용기가 떠오른다. 그리고 새로운 꿈을 향해 나아가는 모든 이에게 그녀의 이야기를 들려주고 싶어진다.

촬영을 해 온라인에 등록했다. 그렇게 그녀는 오랫동안 잠자고 있던 능력을 펼쳤다.

하지만 경쟁이 치열한 의류 시장에서 살아남기는 쉽지 않았다. 게다가 남편의 이해와 지지를 얻지 못했다. 결국 그녀의 첫 도전은 아쉬운 경험으로 끝이 났다. 그러나 이 경험은 결코 헛되지 않았다.

10년이 지난 지금, 그녀는 IT 업계에서 전문 개발자와 대기업을 연결하는 중개자로 자리 잡았다. 대학원 공부까지 병행하며 더 큰 꿈을 향해 나아가고 있다.

돌이켜 보니, 그녀의 진짜 재능은 따뜻한 소통 능력이었다. 동대문 상인의 낯선 은어든 IT 개발자의 전문 용어든, 상대방의 언어를 빠르게 익히고 마음을 열게 만드는 재주가 있었다. 그것이 그녀의 가장 큰 강점이었다.

동대문의 날고 기는 도매상 사장들과 소통하며 결혼으로 잃어가던 자신감을 되찾았고, 오히려 그 낯섦을 즐기는 자신을 발견했다. 이후 그녀의 탁월한 커뮤니케이션 능력을 알아본 IT 회사 대표가 그녀에게 새로운 기회를 제안했고, 그녀는 자신의 능력을 믿고 도전했다.

쇼핑몰의 성패는 중요치 않다. 그녀가 겪은 모든 시행착오와 도전이 오늘의 그녀를 만들었다. 실패라고 생각했던 경험들이 알고 보면 다음 기회의 씨앗이었던 것이다.

10년이 지난 지금도 그녀의 소식을 들으면 가슴이 뭉클하 그 자체였다. "과연 내가 할 수 있을까?" 그녀의 목소리에 담긴 불안을 느낄 수 있었다.

그때 내가 할 수 있는 일은 그녀의 잠재력을 일깨워 주는 것이었다. 온라인 쇼핑몰을 운영하던 내 경험을 바탕으로, 온라인 의류 쇼핑몰부터 시작해 보는 건 어떻겠냐고 제안했다. 브랜드몰이라는 큰 꿈을 위해, 먼저 의류 시장의 생태계를 이해하는 것이 중요하다고 조언했다.

긴 고민 끝에 그녀는 해 보고 싶다고 말했다. 그녀의 눈에서 불안과 설렘이 교차하는 것을 보며, 나는 그녀의 새로운 여정이 시작되었음을 직감했다. 이것이 꿈을 향한 첫걸음이 될 것이라 믿었다.

첫 단계로, 그녀는 동대문 시장에서 도매로 옷을 구매해 온라인에서 판매하기로 했다. 간단해 보이는 이 결정도 실행은 쉽지 않았다. 도매 시장의 위치, 판매 시간, 까다로운 상인들과의 소통, 재고 관리 등 고려할 점이 많았다.

그녀는 이 모든 어려움을 극복하고 동대문으로 향해 옷을 구매하고 온라인 쇼핑몰을 오픈했다. 그녀가 고른 스타일리시하고 심플한 옷들은 지인들 사이에서 먼저 인기를 얻기 시작했다.

나의 사무실 한편을 그녀에게 내주었고, 작업실은 작은 옷가게로 변모했다. 마네킹, 전신 거울, 옷걸이가 들어섰다. 그녀는 새벽에 동대문 시장에서 옷을 구입해 와 잠도 제대로 자지 못한 채 아이들을 유치원에 보내고, 낮에는 옷을 다림질하고 사진

함께 꾸는 꿈

1호 꿈의 조력자 — 패션에서 IT까지

숲 체험 프로그램에서 그녀를 처음 만났다. 두 아들을 위해 광고
회사를 그만두고 전업맘이 된 그녀는 지적이면서도 따뜻한 성
격이었다. 우리는 금세 친해졌다. 가끔 사무실에 들러 일을 돕는
그녀를 지켜보며 눈에 띄는 모습을 발견했다.

그녀는 타고난 패션 감각의 소유자였다. 평범한 티셔츠도
그녀가 입으면 마치 명품처럼 특별해 보였다. 세탁소 집 딸로 자
란 경험 덕에 오래된 옷도 새것처럼 관리하는 그녀의 솜씨는 놀
라웠다. 옷의 디자인부터 재질까지 꼼꼼히 고르는 그녀의 안목
은 전문가 못지않았다.

그녀의 오래된 꿈은 엄마와 아이가 함께 입을 수 있는, 본인
만의 스타일이 담긴 옷을 만드는 것이라고 했다. 그 정도 안목이
라면 가능성이 있다고 생각되었다.

하지만 꿈을 갖는 것과 이루는 것은 다른 일이다. 광고 기획
외에는 다른 일을 해본 적 없는 그녀에게 새로운 도전은 두려움

지나고 나니 보이는 것들

나눌수록 성장한다

이 과정을 통해 나의 작은 그릇이 아주 조금은 커질 수 있었던 것 같다. 내가 가진 경험과 지식을 나누면서, 오히려 더 많은 것을 배웠다. 다른 이의 잠재력을 발견하고 키워 주는 과정에서, 나 자신도 성장했다.

처음엔 그저 도움이 필요했을 뿐인데, 이제는 다른 이의 꿈을 응원하는 일이 내 삶의 목적이 되었다. 누군가의 숨겨진 재능을 발견하고, 그 재능을 믿게 하는 일은 생각보다 큰 보람을 준다.

나의 작은 도움이 누군가의 인생을 바꾸는 계기가 될 수 있다는 걸 알게 되었다. 그리고 그 변화된 삶이 또 다른 이에게 선한 영향을 미칠 수 있다는 것도.

결국, 우리 모두가 가진 작은 재능들이 서로 연결되어 더 큰 가치를 만들어 낸다. 함께하는 성장은 결코 손해가 아니다. 오히려 우리 모두를 더 높이 끌어올리는 힘이다.

이제 나는 안다. 진정한 성공이란 혼자 크게 이루는 것이 아니라, 함께 조금씩 나아가는 것임을.

도 더 잘됐을 텐데' 하고 생각할 정도였다. 그러다 문득 그들의 재능으로 무엇을 할 수 있을지가 보이기 시작했다. 흥미롭게도 그들 역시 나를 보며 '저 정도면 나도 할 수 있겠다'라는 용기를 얻는 듯했다.

그렇게 자연스럽게 창업 멘토링을 하며 꿈의 조력자가 되었다. 함께 일하면서 그들이 잘하고 좋아하는 것, 관심 있어 하는 것들이 보였다. 그걸 어떻게 사업으로 연결할 수 있을지 이야기를 나눴다. 이런 대화를 나눌 때면 나는 본업보다 더 신이 났다.

새 직원이 들어올 때 이렇게 말한다. "이곳이 평생 직장이 될 순 없을 거예요. 하지만 여기서 일하는 동안 진짜 하고 싶은 일을 찾기를 바랍니다. 그 과정에서 내가 도울 수 있는 일이 있으면 적극 도울게요. 진짜 하고 싶은 일이 생겨 갑자기 떠나게 되면 아쉽겠지만, 그렇게 됐으면 좋겠어요! 있는 동안 최대한 스트레스 받지 말고 같이 즐겁게 일합시다."

최근에는 커피를 사랑하는 친구가 와서 일을 하고 있다. 그 친구에게도 같은 말을 했다. 내가 온라인 판매 경험이 많으니 혹시 온라인으로 커피를 팔고 싶다면 언제든 돕겠다고 했다. 그 친구는 주 3회 오전엔 여기서 일하고, 오후에는 카페에서 일하며 자신의 꿈을 키워 가고 있다. 조만간 그 친구의 꿈이 이뤄지길 바란다.

용감한맘 비공식 창업 멘토링

나는 여러 엄마들과 함께 일해 왔다. 이 일은 시간을 자유롭게 쓸 수 있어서, 여러 사정으로 일하기 힘든 엄마들에게 안성맞춤이었다. 처음엔 그저 내 일을 도와줄 사람이 필요해서 주변의 전업주부들에게 부탁했다. 그런데 일하는 그들의 모습이 점점 달라지는 걸 보게 됐다. 그들은 이 일을 즐겼고, 대부분 오랫동안 나와 함께 일했다.

사실 나는 아이디어와 디자인 실력만 있을 뿐, 손재주는 없고 덜렁대는 편이다. 잃어버린 물건을 찾느라 시간을 허비하는 일이 너무 잦아서, 그게 내 인생의 주요 업무가 된 것 같다. 반면에 나와 일하는 엄마들은 대부분 꼼꼼하고 손재주도 좋았다. 며칠만 일해 봐도 내 부족한 점을 금방 알아챘다. 심지어 직원들끼리 "우리도 비슷한 회사를 차려 볼까요?"라며 귀엽게 협박하기도 했다. 그만큼 나는 어설픈 사장이었다.

나는 늘 그들의 재주가 부러웠다. '내가 저런 재주만 있었어

함께 꾸는 꿈

5부
함께 꾸는 꿈

지나고 나니 보이는 것들

고객의 지갑을 무겁게 대하라

돈이 많은 사람들은 돈을 자유롭게 쓸 것이라는 착각을 하는 경우가 있다. 아니다. 돈이 많을수록 더 소비에 합리를 따진다는 것을 잊지 말아야 한다. 합리적 소비란 가격 대비 높은 만족감을 얻을 수 있는 것을 의미한다.

제품의 가격은 소비자가 기분 좋게 지불할 수 있는 수준이어야 한다. 고가의 명품 제품들은 강력한 브랜딩으로 높은 가격을 정당화한다. 이러한 브랜딩을 유지하기 위해 제품 외에 많은 부분에 투자가 이루어지고, 그것이 가격에 반영된다.

소비자가 생각하는 가격은 나 또한 소비자가 되었을 때 기분 좋게 지불할 수 있는 가격이어야 한다. 가끔 저렴한 제품을 비싸게 파는 셀러를 목격할 때가 있다. 그런 경우 백이면 백 모두 길게 가지 못한다. 사업의 기본은 지속성이다. 그 부분을 잊지 말자.

하지만 "이렇게 팔아도 사 가는 사람이 있다"라고 하며, 더 싼 꽃으로 하면 안 된다고 강력하게 거부하셨다.

그 순간 나는 깨달았다. 예술가와 사업가의 시각 차이를. 예술가에게 그들의 작품은 타협할 수 없는 가치를 지니지만, 사업의 관점에서는 고객의 니즈와 시장 현실이 우선이다.

그런 분들은 예술가로 남아야 한다고 생각한다. 그 가치를 인정해 주는 소수의 사람들을 위해 판매해야 한다. 그러나 그 소수의 사람들이 너무 소수이기 때문에 많은 예술가가 돈을 벌기는 너무 어려운 게 현실이다.

디자인을 중요시하는 고객이라도 그들이 원하는 일상의 제품은 고가의 예술품이 아니다. 일상을 조금 더 행복하게 해 줄 정도의 디자인이면 충분하다. 그리고 그만큼의 비용은 충분히 추가 지불할 의향이 있다.

결국, 비즈니스에서 성공하려면 예술성과 상업성 사이의 균형을 찾는 것이 중요하다. 고객이 원하는 것은 일상에 작은 아름다움을 더할 수 있는, 접근 가능한 제품이다. 이를 이해하고 적절히 조율할 수 있는 능력이 사업의 성공 열쇠가 될 것이다.

고객은 예술품을 원하는 게 아니다

예술품을 만드는 사람은 돈과의 거리가 먼 경우가 많다. 그런 작가들도 이따금 내게 온라인으로 판매를 하고 싶다고 조언을 구한다.

한번은 프랑스 유학을 다녀온 후 클래스를 운영하고 있는 플로리스트가 온라인에서 꽃을 판매하고 싶다며 나에게 조언을 구한 적이 있다.

"실력이 있으시니까, 기념일을 타깃으로 시그니처 꽃다발을 만들어 판매해 보세요"라고 제안하며 샘플 꽃다발을 제작해 보자고 했다.

정말로 사고 싶을 만큼 화려한 꽃다발을 만들어 오셨고, 판매 가격을 물었더니 45만 원은 받아야 된다고 하셨다. 들어간 꽃의 종류를 하나하나 설명하며 이렇게 해도 남는 게 없다고 하시길래, 가격이 비싸니 너무 비싼 꽃은 제외하고 합리적인 가격대로 조정해야 한다고 말씀드렸다.

새로운 도전과 발견

지나고 나니 보이는 것들

불만 너머 진심을 보는 힘

이제는 불만 사항이 들어와도 예전처럼 스트레스를 받지 않는다. 오히려 그 불만 속에 숨겨진 고객의 진심을 보려는 마음이 생겼다. 모든 상황을 완벽하게 해결할 순 없지만, 대부분의 고객은 합리적이며 그들의 불만 속에는 타당한 이유가 있다.

이런 변화는 고객과의 소통을 바라보는 시각을 바꿔 놓았다. 단순한 거래가 아니라, 불만이라는 표면을 뚫고 그 안에 있는 진심을 읽어 내는 과정으로 느껴지기 시작한 것이다. 이를 통해 사람을 더 깊이 이해하게 되었고, 그 영향은 비즈니스 영역을 넘어 일상으로 퍼져 갔다. 어느새 일상에서 만나는 사람들의 행동 너머에 있는 진심을 보려는 습관이 생겼다. 불만 가득한 고객의 목소리에서 시작된 이 작은 변화가 내 삶 안으로 조용히 스며들었다.

감정까지 변화시킬 수 있는 사람이 된 것이다.

고객을 볼 때, 내 제품을 구매하는 많은 사람 중 한 사람이 아니라 이제 막 임신을 하고 행복해하는 한 사람으로 대하려 노력한다. 그 고객이 내가 판매하는 제품을 구매하기 위해 얼마나 많이 고민했을지, 그것이 어떤 의미인지를 먼저 생각한다. 물론 그런다고 고객이 변화하는 건 아니다. 하지만 불만이 있는 고객의 전화가 와도 그들의 불편을 공감하고 예전보다 훨씬 더 편안한 마음으로 응대할 수 있게 된다.

프로 응대러의 비밀

온라인으로 물건을 판매하면 직접 고객을 대면하는 데서 오는 스트레스는 없지만, 제품 후기에 민감해질 수밖에 없다. 별점이 낮은 후기 하나가 매출에 미치는 영향이 엄청나기에 가끔은 스트레스를 받게 된다.

이해할 수 없을 만큼 악의적인 후기나 히스테릭한 고객의 전화를 받고 나면, 억울한 마음을 어디에 풀 수 없어 불면증에 시달리기도 했다. 하지만 이제는 나름대로의 노하우가 생겼다. 그들의 후기에서 감정을 빼고 팩트로만 이해하려고 노력한다. 고객이 어떤 부분이 불편했는지, 혹시 내가 해결할 수 있는 부분이 있다면 최대한 도움을 드려 불편함이 없도록 하고 있다.

가장 감동적인 경우는, 불편함을 호소하고 짜증 냈던 고객이 너무 고맙다며 다음에 또 주문하겠다고 후기를 남길 때이다. 이런 경험이 쌓일수록 나는 예전보다 조금은 나은 사람이 된 것 같다. 상대의 감정에 휩쓸리지 않고 의연하게 대응하며, 그들의

지나고 나니 보이는 것들

온라인 쇼핑몰 드림

수많은 사람들이 온라인 쇼핑몰 창업의 꿈을 안고 강의실로 향한다. 강사의 화려한 언변에 취해, 그 방법만 따라 하면 곧 성공의 달콤한 열매를 맛볼 수 있을 것 같은 환상에 빠진다. 하지만 현실은 냉혹하다. 3개월이 지나도 수입은커녕 적자만 쌓이고, 열정은 서서히 식어간다. 결국 많은 이들이 중도에 포기하고 만다.

사업의 본질은 무엇일까? 단순히 돈을 벌기 위한 수단일까? 물론 그렇지 않다. 돈만 좇으면 그 여정은 더 괴로워진다. 인간은 그 괴로움을 참으며 길게 버틸 수 없다. 당신이 진정으로 사랑하는 것, 당신의 가슴을 뛰게 하는 것을 팔아라.

그 일이 당장 큰돈을 벌어다 주지 않더라도 좌절하지 마라. 그 과정에서 당신이 배우고 성장하고 있다는 것을 믿는다면 아무리 길고 어두운 터널이라도 끝까지 건널 수 있을 것이다. 그리고 그 터널의 끝에서 당신은 놀라운 광경을 마주하게 될 것이다. 돈 이상의 가치, 당신이 훌쩍 자라 있는 모습을 마주하게 될 것이다.

패를 겪었고, 다시 일어나는 법도 배웠다. 내가 다시 일어날 수 있었던 이유는 아이러니하게도 큰 성공을 꿈꾸지 않았기 때문이다. 육아와 병행해야 했기에 내가 가진 능력 이상을 욕심낼 수 없었고, 낼 능력도 되지 않았다.

나는 남들과 비교하지 않고 나의 길을 내가 걸어갈 수 있는 만큼만 꾸준히 걸었을 뿐이다. 그래서 더 느릴 수도, 더 커질 수 없었을지도 모르지만, 그 덕분에 나는 오래 걸을 수 있었다.

세상은 큰 나무, 작은 나무, 다양한 나무들이 어울려 숲을 이룬다. 빠르게 크는 나무는 상대적으로 뿌리가 얕고, 천천히 크는 나무는 뿌리가 깊다. 샌프란시스코의 레드우드 나무와 용문사의 은행나무가 그 좋은 예이다. 레드우드 나무는 세상에서 가장 큰 수종 중 하나로, 하늘을 찌를 듯이 자라지만 뿌리는 깊지 않고 옆으로 퍼져 서로 연결되어 있다. 반면, 용문사의 은행나무는 깊은 뿌리를 가지고 있지만 그 키는 상대적으로 크지 않다. 나무가 서로 다른 성장 방식을 가지고 있듯, 사람도 각자 다른 속도로 성장한다. 남들과 비교하지 말고, 자신의 길을 꾸준히 걸어가자. 천천히 가도 괜찮다. 불안해하지 말고, 자신만의 속도로 성장하자. 이제 나는 알았다. 내 성장의 속도가 곧 나만의 강점이라는 것을. 천천히, 하지만 꾸준히. 이것이 바로 내가 13년 동안 지켜 온 나만의 성장 방식이다.

뿌리 깊은 나무

유튜브를 켤 때마다 눈에 띄는 건 창업으로 대박을 친 젊은 사장의 얼굴이다. 그들의 화려한 성공 스토리와 비밀 노하우를 들을 때마다 가슴 한편이 쓰리다. 나는 그들보다 훨씬 일찍 시작했는데, 왜 내 매출은 상대적으로 초라한 걸까.

그런 생각이 들 때마다 "내가 뭘 잘못하고 있는 걸까?", "저 사람들은 대체 어떤 마법을 부리는 거지?" 질문이 꼬리에 꼬리를 물었지만, 뚜렷한 답은 떠오르지 않았다. 결론은 언제나 '실력 부족'이라는 자책으로 끝났다.

그러다 문득, '13년'이라는 숫자가 내 머릿속을 스쳐 지나갔다. 13년. 내가 이 일을 시작한 지 벌써 그렇게 되었다니. 이 험난한 사업의 세계에서, 13년 동안 한 번도 포기하지 않고 버텨 온 사람이 과연 몇이나 될까?

이 질문이 나를 새로운 시각으로 바라보게 만들었다. 그 긴 세월 동안 나는 이 시장에서 살아남았다. 그 과정에서 수없이 실

새로운 도전과 발견

지나고 나니 보이는 것들

농부의 마음으로 꿈을 꾸는 사장

씨가 새싹을 피우기 위해서는 여러 조건이 필요하다. 땅, 햇볕, 물, 이 세 가지가 모두 적절하게 조화되어야 그 차가운 땅에서 싹이 틀 수 있다. 사업도 마찬가지다. 제품, 시장, 타이밍이 모두 맞아떨어져야 성공의 싹을 틔울 수 있다. 농부는 어떤 씨가 새싹을 피울 수 있는지 알지 못한다. 물론 시간이 지나면 좋은 씨를 선별할 수 있는 안목이 생길 수도 있다.

농부가 할 일은 제때 씨를 뿌리고, 물을 주고, 잡초를 제거하며 돌보는 것이다. 가뭄이 들거나, 우박이 내리거나, 태풍이 오는 것은 막을 수 없다. 하지만 농부는 매년 때에 맞춰 씨를 뿌린다. 사장도 마찬가지다. 시장 상황이 좋지 않거나, 예상치 못한 위기가 닥치더라도, 끊임없이 새로운 아이디어를 개발하고 제품을 출시해야 한다. 사장은 그렇게 농부처럼 씨를 뿌리는 사람이어야 한다.

다. 기존의 '어떤 제품을 만들면 돈을 더 벌 수 있을까?'라는 이기적인 질문에서, '내 제품이 고객의 삶을 어떻게 더 나아지게 할 수 있을까?'라는 고객 중심적인 질문으로 전환했다. 이 작은 관점의 변화가 제품 개발의 방향을 완전히 바꾸어 놓았다.

과거엔 이것저것 기능을 추가하느라 제품의 본질을 잃고, 브랜드 정체성마저 흔들렸다. 결국 쓸데없는 기능만 가득한 비싼 제품이 되고 말았다.

처음 앨범을 만들 때 나는 엄마들이 초음파 사진을 보며 지금은 비록 힘들지만 세상에서 가장 의미 있는 일을 하고 있다는 위로를 주고 싶었다. 이것이 나의 브랜드 가치였는데, 어느새 그 마음은 사라지고, 단순히 매출 증대에만 매몰되었던 것이다.

나는 다시 그 처음 마음으로 돌아가 제품들을 고민하기 시작했다. 그러자 제품 방향은 훨씬 단순해졌고, 남들과 차별화된 제품을 만들어 낼 수 있었다.

물론, 이런 마음을 가지고 제품을 출시해도 잘 팔릴지는 알 수 없다. 오직 시장에 내놓아 봐야만 안다. 내가 할 수 있는 일은 계속 새로운 제품을 개발하고 출시하는 것뿐이다. 어떤 제품이 고객의 사랑을 받을지는 모르지만, 고객에게 도움이 될 만한 좋은 제품을 계속 기획하고 출시하다 보면 그중에 사랑받는 제품이 나오기 마련이다. 사장은 그렇게 씨를 뿌리는 사람이어야 한다.

새로운 도전과 발견

사장은 씨를 뿌리는 사람

명품 앨범은 기존의 핸드메이드 앨범과 달리 출시 초기부터 판매가 잘되었다. 이에 힘입어 새로운 제품들을 출시하기 시작했다. 하지만 그 중에 현재까지 살아남은 제품은 손가락 안에 들 정도이다.

명품 앨범의 성공으로 매출이 늘자, 자신감과 자만심도 함께 늘었다. 내가 아이디어를 내어 제품을 만들면 무조건 잘 팔릴 것이라는 착각에 빠졌다. 그래서 고객의 실제 니즈를 파악하지 않고 고객들이 필요할 것이라고 생각되는 제품들을 마구 만들기 시작했다. 시장의 반응은 냉담했다.

실패할수록 더 집착했다. 제품을 수정하고, 불필요한 기능을 추가하며 애썼지만, 결국 깨달았다. 욕심에 눈이 멀어 진정 고객에게 필요한 제품이 아닌, 내가 돈을 벌기 위한 제품을 만들고 있었다는 것을.

그날 이후, 나는 제품을 고민하는 방식을 바꾸기로 결심했

지나고 나니 보이는 것들

벼랑 끝에서 꽃을 피우다

매출 하락의 위기는 돌이켜 보면 축복이었다. 그 고통스러운 순간이 없었다면, 나는 안주했을 것이다. 신제품 개발이나 제품군 다양화를 통한 매출 다각화는 꿈도 꾸지 못했을 것이다. 위기는 나를 벼랑 끝으로 몰았지만, 동시에 새로운 생명줄을 달아 주었다.

그때의 변화가 10년이 넘는 시간 동안 회사를 지탱하는 터닝 포인트가 되었다. 단순한 운이 아니었다. 위기를 기회로 바꾸기 위한 선택과 노력 덕분이었다.

안정이 항상 축복은 아니며, 때로는 불편함과 위기가 우리를 성장시키는 원동력이 된다. 사업에서의 진정한 안정은 변화를 두려워하지 않는 자세에서 온다.

앞으로도 새로운 위기가 찾아올 것이다. 하지만 이제는 두렵지 않다. 그 위기가 우리를 더 높은 곳으로 이끌어 줄 새로운 기회임을 알기 때문이다.

원목 배냇함 등 다양한 제품에 각인과 인쇄를 적용해 판매하기로 했다.

예전에는 모든 제품을 직접 만들어 판매했지만, 이제는 공장과 직거래를 통해 대량 구매한 후, 각인기와 인쇄기를 활용해 디자인을 차별화하기로 했다. 이러한 전략 변경은 생산성과 효율성을 크게 높여 주었다. 그렇게 제품군을 확대하여 다양하게 판매하기 시작했다.

작업실에 들어서면 각인기 돌아가는 소리가 귀를 메운다. 이제 우리의 작업 방식은 완전히 달라졌다. 핸드메이드에서 대량 생산으로, 그리고 각인 서비스를 통한 맞춤화로 전환한 것이다.

나는 각인기 앞에 서서 반짝이는 고급 가죽을 손으로 만져 보았다. 이 가죽에 새겨질 디자인이 눈앞에 선명하게 그려졌다. 각인기를 작동시키자, 기계의 섬세한 움직임이 가죽 위로 글자를 하나씩 새겨 넣었다. 마치 예술가가 작품을 완성하듯, 정교하게 새겨진 문양이 고급스러운 앨범을 완성시켰다.

이 새로운 시스템은 우리에게 효율성과 창의성을 동시에 가져다 주었다. 대량 생산된 제품에 개별적인 터치를 더함으로써 우리는 더 많은 고객에게 더 특별한 제품을 제공할 수 있게 되었다. 단순 제품이 아닌, 하나하나 정성을 담아 만든 진짜 명품으로 탈바꿈하는 순간이었다.

시스템을 변경하다

명품 앨범이 완성되면서, 나는 사업의 전환점을 맞이했다. 각인 서비스를 추가해 일반 앨범과 차별화를 두었고, 가격은 핸드메이드보다 저렴한데 사이즈가 커 초음파 사진뿐만 아니라 일반 사진까지 보관할 수 있도록 했다. 이러한 변화로 구매층을 크게 확대할 수 있었다.

이전의 핸드메이드 앨범은 주문량이 늘어날수록 직원 수도 함께 늘어야 하는 어려움이 있었다. 하지만 대량 생산된 앨범은 주문량이 많아져도 인력을 충원할 필요가 없었다. 이는 사업의 확장성을 높여주었다. 다양한 서비스를 추가했지만, 기존에 앨범 커버를 하나씩 수작업으로 제작하던 시간에 비하면 충분히 감당할 수 있었다.

새로운 앨범을 출시하면서, 나는 각인기와 인쇄기를 더 활용할 방법을 고민했다. 이는 단순한 장비 활용을 넘어, 사업의 다각화로 이어졌다. 그래서 앨범뿐만 아니라 다이어리, 유리병,

새로운 도전과 발견

수많은 제품을 비교하고 사용하면서 경험을 쌓는다. 이렇게 쌓인 그들의 감각은 때로 전문가의 분석보다 더 정확하다. 따라서 제품을 만들 때는 항상 소비자의 관점을 잊지 말아야 한다.

$\boxed{\text{지나고 나니 보이는 것들}}$

고객은 알고 사장은 모른다

제품을 만들다 보면 원가 절감의 유혹에 빠지기 쉽다. 조금만 더 저렴하게, 조금이라도 더 많은 이익을 얻으려 타협하기 시작하면 그 결과는 뻔하다.

'소비자는 귀신같다'는 말이 있다. 우리가 물건을 만들어 판 시간보다 그들이 물건을 사용한 시간이 훨씬 길기 때문이다. 이런 소비자의 눈을 속이기란 쉽지 않다.

실제로 판매자가 아닌 고객의 눈으로 보면 문제점이 더 선명히 보인다. 우리가 식당에 가면 요식업 전문가가 아니어도 그 식당의 문제를 금방 알아채는 것과 같은 이치다. 하지만 정작 사장은 장사가 안 되는 이유를 모를 때가 많다.

이는 고객과 사장의 관점 차이에서 비롯된다. 고객은 핵심 가치 하나만 보지만, 사장은 해결해야 할 문제가 너무 많다. 그러다 보면 정작 중요한 걸 놓치기 쉽다. 예를 들어, 식당의 경우 음식 맛이 핵심인데, 사장은 인테리어, 직원 관리, 대출이자, 매출 걱정 등에 빠져 정작 가장 중요한 걸 소홀히 할 수 있다.

결국, 소비자는 우리 생각보다 제품을 훨씬 더 잘 안다. 그들은 매일

빠질 것이 뻔했기 때문이다.

　나의 고집스러운 설득은 계속되었다. 지금까지 장사를 해오면서 지켜 온 유일한 철학은 **최고의 품질이 최고의 마케팅**이라는 것이었다. 물론, 마케팅의 중요성이 점차 높아지긴 하지만 그 마케팅이 진정한 힘을 받기 위해서는 제품의 품질이 보장되어야 한다.

　결국 사장님은 "비싸서 안 팔려도 난 몰라" 하며 내 요구를 수락했다. 그리고 기적이 일어났다. 몇 개월 뒤, 완성된 앨범을 본 사장님은 전화로 흥분된 목소리를 전했다. "이 사장~ 정말 명품 앨범이 탄생했네!" 그렇게 용감한맘의 '명품 앨범'이 세상에 나오게 되었다.

명품 앨범의 탄생

재구매로 이어져야 사업이 유지되는데, 임신했을 때만 필요한 초음파 사진 보관 앨범만 판매해서는 사업 성장에 한계가 있었다. 초음파 사진뿐 아니라 일반 사진까지 보관할 수 있는 큰 앨범을 추가 제작하기로 했다.

큰 앨범은 손으로 제작할 수 없기에 완제품으로 대량 생산을 해야 했다. 앨범 차별화를 위해 한 면에 많은 사진이 들어갈 수 있도록 사이즈를 키우고, 커버를 핸드메이드 제품 중 가장 인기 있는 고급 가죽으로 변경해서 진행하기로 했다.

앨범 공장 사장님께 원하는 가죽 재질의 샘플을 보여드렸을 때, 그의 반응은 예상대로였다. "이 재질은 단가가 너무 비싸고, 작업이 까다로워. 커버 제작 공장을 찾기도 힘들고, 찾아도 기존 작업비의 몇 배를 요구할 걸, 결국 앨범 가격이 너무 비싸져! 안 돼! 안 돼!" 그러면서 잘 팔리는 무난한 샘플들을 내밀었다. 하지만 나는 포기할 수 없었다. 차별화 없이는 가격 경쟁의 늪에

> 지나고 나니 보이는 것들

한 방울의 무모함

새로운 일을 시작할 때는 약간의 무모함이 따르기 마련이다. 그것의 다른 이름은 **용기**일 것이다. 처음에는 두렵고 불안하지만, 그 첫걸음이 가져다줄 변화는 우리의 상상을 초월할 수 있다. 아이들과 함께한 제주도에서의 한 달은 단순한 휴가가 아니었다. 우리 가족에게 평생 동안 나눌 소중한 추억을 선사했고, 세상을 보는 시야를 넓히는 기회가 되었다. 이 모든 경험은 나에게 큰 자산이 되었다.

새로운 도전은 자존감을 높여 줄 기회가 된다. 성공한 사람들이 공통적으로 이야기하는 '시크릿', '자기암시' 등을 다룬 책이 스테디셀러인 이유가 있다. '할 수 있을까?' '가능할까?' 스스로를 믿는 순간, 조건이나 상황이 이룰 수 있게 맞춰진다는 걸 경험을 통해 배웠다.

용기는 삶을 변화시키는 첫걸음이다. 무모해 보이는 도전도 결국에는 당신을 당신이 원하는 자리에 있게 만들 것이다. 디지털 노마드의 삶은 단순히 장소의 자유가 아니라 삶의 방식을 선택할 수 있는 자유, 그리고 그 선택에 따르는 책임을 받아들일 수 있는 용기에서 시작되었다. 당신의 무모해 보이는 도전이 어떤 놀라운 여정의 시작이 될지 아무도 모른다. 그러니 두려워하지 말고, 그 첫걸음을 내딛길 바란다.

만약 아이들이 아니었다면 이런 삶을 나에게 선물하지 못했을 것이다. 아이들 덕분에 나는 아름다운 시골 생활, 제주 한 달 살이, 유럽 캠핑 여행, 아이슬란드에서 오로라 보기, 히말라야 등반 등 수많은 경험을 할 수 있었다. 내가 돈을 벌지 않았다면, 외벌이 남편의 월급으로 이런 선택을 하기 힘들었을 것이다.

육아를 위해 직장을 그만두어야 했던 그날, 사회로부터 영원히 멀어질 거라는 불안이 오랫동안 나를 지배했었다. 하지만 그 불안은 기우였다. 사업을 시작한 이후, 아이들은 오히려 나에게 더 넓은 세상을 열어 주었다. 그들 덕분에 나는 다양한 삶을 선택하고 경험할 수 있게 되었다. 육아와 일의 양립이 제약이 아닌 새로운 기회가 될 수 있다는 것을 깨달았다.

제주도 한 달 살이가 바꾼 디지털 노마드 3

마스크 없이는 외출조차 할 수 없었던 코로나19 팬데믹 시국, 학교는 전면 온라인 수업으로 대체되었다. 제주도에서의 한 달 살이는 무모한 도전처럼 보였지만, 나와 아이들에게는 새로운 삶의 전환점이 되었다.

제주도에 도착한 첫날 아침, 아이들은 온라인 수업에 집중했고, 나는 옆에서 주문을 확인하며 필요한 업무를 카톡으로 전달했다. 오후가 되면 아이들은 바닷가로 달려갔다. 여름휴가가 끝난 8월 말, 모든 관광객이 떠난 텅 빈 제주에서 우리 아이들만 에메랄드빛 바다를 만끽하고 있었다. 사람이 없었기에 그곳에서는 마스크를 쓰지 않아도 되었다. 제주도는 마치 팬데믹의 영향으로부터 유일하게 제외된 낙원처럼 느껴졌다.

그렇게 무모하고 무리하게 진행했던 제주도 한 달 살이는 어느새 매년 여름마다 꼭 치르는 우리 집의 전통이 되었다. 나는 세상 어디에서도 일할 수 있는 환경을 만들었다.

> 지나고 나니 보이는 것들

믿어야 강해진다

우리의 마음가짐이 상황을 바꿀 수 있다. '할 수 없다'라고 생각하는 순간 정말로 할 수 없게 되지만, '할 수 있다'라고 믿는 순간 우리의 뇌는 해결책을 찾기 시작한다. 이는 단순한 긍정적 사고가 아니라, 가능성을 향한 첫걸음이다.

이러한 도전적인 상황에서 인간의 창의성이 폭발한다. 문제를 해결하려는 노력 속에서 우리는 성장하고, 더 많은 경험을 쌓아 간다. 마치 근육을 단련하듯, 창의성도 더 자주 사용할수록 강해진다.

이 과정에서 우리의 자존감도 함께 성장한다. 흔히 자존감은 어릴 때 형성된다고 생각하지만, 사실 어른이 되어서도 계속 발전할 수 있다. 작은 성공의 경험들이 쌓일 때마다 우리는 더 강해지고, 더 느긋해진다.

그래서 눈앞에 작은 문제가 나타나면, 오히려 감사해야 한다. 그 문제는 당신의 자존감을 높여 줄 소중한 기회이기 때문이다.

다. 며칠 동안 제품 제작 방법을 교육시켰고, 몇 번의 피드백을 통해 원하는 수준까지 품질을 올릴 수 있게 되었다.

작업에 필요한 재료들을 각자의 집에 세팅해 주었다. 관련 재료들을 주 1회 택배로 보내주고, 작업이 완료되면 택배로 받는 방식으로 시스템을 변경했다.

사람들은 자신이 원하는 시간에 집에서 할 수 있는 일을 갖게 되어 좋아했고, 나 역시 인력을 구하지 못해 발을 동동 굴러야 하는 상황에서 벗어날 수 있었다.

물론, 아직 숙련되지 않아 제품이 버려지는 경우와 필요하지 않은 제품이 과하게 작업되어 생긴 손실이 있었지만, 그만큼의 비용은 감당해야 할 부분이었다.

제주도 한 달 살이가 바꾼 디지털 노마드 2

제주도 한 달 살이를 결정하고 난 뒤 해결해야 할 문제 중 가장 큰 것은 나의 일이었다. 특히, 가장 오래된 직원이 나와의 갈등으로 회사를 그만둔 지 얼마 되지 않았다. 이런 상황에서 갑자기 제주도로 내려가게 되었으니, 남아 있는 직원들 입장에서는 당황스럽고 황당했을 것이다. 나 역시도 무모했다. 나는 나 없이도 회사가 돌아가게 할 방법을 찾아야만 했다.

우선, 기존 직원이 하던 업무를 대체할 인원이 더 필요했다. 하지만 작은 시골 동네에서 사람을 구하기란 쉽지 않았다. 작업 중에 가장 손이 많이 가는 공정은 앨범 커버 작업이었다. 이 작업만 외주로 해결할 수 있다면 지금의 직원만으로 충분할 것 같았다.

다른 지역에 살고 있는 지인들 중에 일을 하고 싶지만 상황이나 여건 때문에 잠시 일을 쉬고 있는 사람들을 구했다. 자신이 원하는 시간에 집에서 할 수 있는 일이라 다행히 모두들 좋아했

새로운 도전과 발견

지나고 나니 보이는 것들

문제 뒷. 면. 돌파하기

언제나 문제가 생긴다. 그런데 그 '문제 해결 방법'을 자기가 알고 있는 범위에서만 찾는다면 인생은 달라지지 않는다. 우리는 종종 익숙함의 함정에 빠진다. 하지만 진정한 변화는 그 익숙함에서 벗어날 때 시작된다.

문제가 당신 앞에 떨어졌다는 것은 인생에 변화를 꾀할 수 있는 좋은 기회가 왔다는 또 다른 의미이기도 하다. 문제는 우리를 성장시키는 스승이다. 그것을 피하지 말고 정면으로 마주하라.

그리고 다르게 생각하라. 세상에 길은 하나가 아니다. 옆길도 있고, 샛길도 있고, 골목길도 있다. 아니면 새로운 길을 만들 수도 있다.

아이들이 학교에 가는 날이 일주일에 한 번 정도였다. 그래서 그 한 번을 체험학습으로 처리하고 나머지는 제주도에서 온라인 수업을 받으면 되었다.

둘째, 남편이 걱정이었다. 직장인인 남편은 한 달이나 휴가를 낼 수 없었다. 여름휴가 열흘 정도만 제주도에서 같이 지내고 나머지 기간은 남편 혼자 시댁에서 출퇴근하기로 했다.

마지막으로 가장 큰 문제는 나의 일이었다. 그때까지만 해도 일주일에 서너 번은 사무실에 출근하면서 일을 체크하고 챙겨야 했기 때문에 한 달 동안 사무실에 출근하지 않을 때 생길 수 있는 수많은 변수들이 떠올랐다.

하지만 해결하기로 했다. 언제나 그래 왔듯이….

돈이면 차라리 한 달 동안 여행을 가지'라는 생각이 들었다. 생각이 거기까지 이어지자 '제주도 한 달 살이?' 생각이 불쑥 떠올랐다.

남편에게 스치듯 아이디어를 이야기했더니 크게 웃었다. 하지만 며칠 뒤, 남편은 자신이 잘못 웃었음을 알게 되었다. 남편의 호탕한 웃음을 나는 '동의'로 받아들인 것이다. 그날 이후 본격적으로 알아보기 시작했고 '시댁에 들어가 눈칫밥을 먹어야 했던 한 달'이 '제주도 한 달 살이'라는 환상적인 순간으로 바뀌었다.

동일한 상황을 전혀 다른 국면으로 변화시킬 수 있는 위대한 힘은 '창의력'이다. 물론 창의력을 발휘하는 순간, 해결해야 할 일이 산더미처럼 쌓인다.

예전 같았으면 그 '산더미 같은 걱정'에 파묻혀 시도하려는 일을 포기했을 것이다. 하지만 13년 동안 사장으로 살아오면서 가장 크게 성장한 부분은 '문제 해결 능력'이었다. 어떠한 문제든 다 해결할 수 있다는 '오만과 자만'이 나를 힘들게 하기도 했지만, 앞으로 나가게 하는 원동력이 되었다.

'제주도 한 달 살이'를 위해 해결해야 할 일들을 정리해 보았다. 가장 먼저 걱정되는 것이 아이들의 학교 문제였다. 여름방학이 끝나는 8월 23일부터 9월 27일까지 제주도에 있어야 했다. 하지만 불행 중 다행으로 심각한 코로나19 팬데믹 상황이었기에 대부분의 수업이 온라인 줌(Zoom)으로 이루어지고 있었다.

제주도 한 달 살이가 바꾼 디지털 노마드 1

서울로 이사한 지 얼마 되지 않아 살던 전셋집이 팔려 다시 이사를 가야 했다. 하루가 다르게 전세가 급등하는 현실에서 예산에 맞는 집을 찾기가 어려웠다. 거래하던 부동산에서 급하게 나온 집을 우리에게 가장 먼저 보여주었다. 다음 사람이 대기하고 있었기에 선택의 여지가 없었다. 우리는 바로 계약했다. 하지만 큰 문제가 하나 있었다. 이사 가야 하는 날짜와 들어갈 수 있는 날짜가 한 달이나 차이가 났다. 그래도 그 집이라도 구한 게 다행이라고 생각했다. 마침 시부모님 댁이 근처여서 한 달 정도는 어떻게든 지낼 수 있을 것 같았다. 가장 걱정되는 부분은 아이들의 등하교 시간이었다. 직장인에게 30분 정도의 출퇴근 거리는 가깝지만, 초등학생에게는 간단한 문제가 아니었다.

'다른 방법이 없을까?' '학교 근처 오피스텔이나 에어비앤비에서 한 달 정도 살아 볼까?' 근처 부동산을 돌아다녀 봐도 마땅한 집이 없었다. 괜찮은 집은 예상보다 비용이 너무 비쌌다. '이

새로운 도전과 발견

4부
새로운 도전과 발견

지나고 나니 보이는 것들

진정한 일의 의미

삶에서 가장 중요한 것 중에 하나는 '자율성'이다. 사장으로 일하면서 얻을 수 있는 가장 큰 선물은 바로 이 자율성을 지킬 수 있다는 것이다. 많은 직장인들이 가장 힘들어하는 것은 일 자체가 아니라 '시간의 속박'이라고 한다. 하지만 냉정히 생각해 보면, 진정한 문제는 시간의 속박이 아니라 '내가 하고 있는 일이 나에게 어떤 의미가 있는지?'에 대한 답을 찾지 못하는 것이다.

사장이 된다는 것은 단순히 시간의 자유를 얻는 게 아니다. 그것은 내가 하고 있는 일이 나에게, 그리고 세상에 어떤 의미가 있는지 명확히 알고, 그 의미를 실현하기 위해 무엇을 해야 하는지 스스로 결정할 수 있다는 것이다. 이것이 사장이 되는 것의 가장 큰 장점이자 책임이다. 하지만 사장이라고 해서 시간을 마음대로 쓸 수 있다고 생각한다면 큰 오산이다. 오히려 24시간 내내 일을 할 준비가 되어 있어야 한다. 진정한 자율성이란 더 큰 책임감을 수반한다는 것을 명심해야 한다.

그래서 나는 자주 사무실에 들렸다. 아이들의 등교 후 차를 몰고 운길산이 보이는 작업실로 향했다. 가는 길에 펼쳐지는 풍경들이 삭막한 나의 마음을 말랑거리게 했다. 일하러 가는 길이 그렇게 좋을 수가 없었다.

직장인의 삶에서 가장 힘든 시간은 출근길이다. 하지만 사장이 되면 그 반대가 된다. 일하러 가는 길이 즐거울 수 있다는 것, 그것만으로도 인생의 많은 우울한 시간에서 해방될 수 있다.

물론, 이런 자유와 즐거움을 느끼기 위해서는 수많은 책임을 어깨에 둘러메고 살아야 한다. 하지만 스스로의 의지로 일을 하며 행복감과 성취감을 느낀다면 그 정도 책임감은 충분히 감수할 가치가 있다고 생각한다.

결국 삶의 질은 우리가 매일 마주하는 순간들의 총합이다. 출근길의 풍경에 감동하고, 일상의 작은 변화를 감사히 여기며, 자신의 일에 의미를 부여할 수 있다면, 그것이야말로 진정한 성공이 아닐까? 이사를 통해 나는 단순히 주거 환경만 바꾼 것이 아니라, 삶을 바라보는 시각 자체를 바꾸게 되었다. 그리고 이 새로운 시각이 앞으로의 나의 삶과 사업을 끌어가는 데 원동력이 될 것이다.

흔들리지 않는 뿌리

이사 가는 날, 새로운 시작

7년간의 시골 생활을 마무리하고 서울로 돌아가기로 결정했다. 사무실도 함께 옮길지 고민했지만, 오랫동안 손발을 맞춰온 직원들을 믿고 그대로 놔두기로 했다. 출퇴근 거리도 멀지 않았다.

아파트로 돌아오자 해야 할 일들이 많이 줄어들었다. 가장 큰 업무 중 하나인 잡초 제거, 텃밭 관리, 가스 및 기름이 떨어지지 않게 채워 넣기, 낙엽 및 눈 치우기 등 모든 일이 한 방에 사라졌다. 하지만 사시사철 푸르렀던 운길산의 자연도 함께 사라졌다. 연둣빛 여린 잎이 봄이 왔다는 것을 누구보다 먼저 알렸고, 연둣빛이 초록색으로 변하며 여름이 깊어짐을 말해 주었다. 나뭇잎들이 다양한 색깔로 물들기 시작하면 그 아름다움에 가슴이 벅찼다. 아침저녁으로 찬바람이 코끝을 스칠 때면 겨울이 오는 냄새에 머리가 맑아졌다.

그 모든 자연의 순간들도 아파트 콘크리트 아래로 사라져 버렸다.

> 지나고 나니 보이는 것들

마음의 리더십, 성공의 또 다른 이름

사업을 하면서 가장 큰 자산이 무엇일까? 그것은 바로 사람이다. 단순히 능력 있는 사람을 의미하는 것이 아니다. 일에 대한 진정한 애정과 주인 의식을 가진 사람이야말로 사업의 가장 큰 자산이다.

우리는 종종 리더십을 직위나 권력으로 오해한다. 하지만 진정한 리더십은 마음에서 나온다. 자신의 일을 사랑하고 그 의미를 깊이 이해하는 사람은 누구나 리더가 될 수 있다. 그들은 직함에 상관없이 주변에 긍정적인 영향을 미치고, 조직을 더 나은 방향으로 이끈다.

성공이란 단순히 매출이나 이익의 증가가 아니다. 함께 일하는 사람들이 그 일의 가치를 이해하고, 서로를 위해 기도하며, 고객의 인생에 긍정적인 영향을 미치는 것. 이것이야말로 진정한 성공이 아닐까?

결국, 사업의 성패는 숫자로만 결정되는 것이 아니다. 그 과정에서 우리가 얼마나 성장했는지, 어떤 가치를 만들어 냈는지, 그리고 누군가의 삶에 어떤 영향을 미쳤는지… 이것이야말로 진정한 성공의 척도일 것이다.

를 앨범, 다이어리, 유리병 등에 인쇄하거나 각인하는 일을 한다. 매일 좋은 글귀를 접하지만, 일이 되면 무덤덤해지기 마련이다. 그런데 이 직원은 여전히 처음의 마음으로 일한다는 것이었다.

나는 힘들 때마다 "세상에 이렇게 행복한 직업이 있을까?", "그 사람의 인생에 가장 중요한 순간에 선물을 주는 직업이 또 있을까?"라고 스스로를 다독이곤 했다. 이런 마음가짐은 오직 사장만이 가질 수 있다고 생각했다.

오래된 직원이 나와 같은 마음으로 일한다는 사실, 회사가 잘되기를 진심으로 바라고 앨범 하나하나에 아기와 엄마의 행복을 기원한다는 그 마음이 너무나 고마웠다.

이것은 나의 그릇이 아니었다. 오롯이 그녀의 그릇이었다. 그녀는 세상 어떤 일을 해도 그러한 마음을 담아 일할 것이다.

그렇다면 그녀는 이미 사장이나 다름없다. 세상 어떤 일을 하든, 그녀는 이미 자신의 삶과 일의 주인공이다.

그녀가 사장이다

매출이 줄어들던 시기, 나는 걱정을 숨기려 애쓰며 직원들과 평소처럼 점심을 먹고 있었다. 그때 한 직원이 불쑥 물었다. "사장님은 요즘 어떠세요?" 나는 가볍게 웃으며 "장사가 안돼서 걱정이지"라고 농담처럼 답했다. 우리 회사는 주문량이 곧 작업량이니, 직원들도 상황을 잘 알고 있었다.

그러자 오래된 직원이 진지한 표정으로 말했다. "걱정하지 마세요! 제가 매일 기도하거든요. 앨범 하나하나 만들 때마다 '우리 사장님 잘되게 해 주세요! 우리 회사 잘되게 해 주세요!'라고요." 순간 눈시울이 뜨거워졌다. 숨을 깊이 들이쉬며 눈물을 참았다. 이루 말할 수 없는 고마움이 밀려왔다.

그 직원은 이어서 말했다. "저는 이 일이 너무 좋아요. 제가 좋아하는 운동도 할 수 있고, 엄마들에게 전하는 좋은 문구를 인쇄할 때마다 명상하는 것 같은 느낌이 들어서 행복해요."

우리의 주 고객은 임신한 엄마들이다. 그들이 원하는 문구

흔들리지 않는 뿌리

> 지나고 나니 보이는 것들

나는 어떤 사람인가

사업을 시작할 때는 몰랐다. 내 그릇이 얼마나 작은지를. 10년이 지나고 나서야 알았다. 사장이란 자리가 내 그릇의 크기를 매일 확인시켜 준다는 걸.

처음엔 모든 게 쉬워 보였다. 하지만 사람을 대하는 일, 갈등을 해결하는 일, 책임을 지는 일. 이 모든 일이 내 그릇의 크기를 시험했다.

오래 함께 일했던 직원과 헤어지며 알았다. 사장은 외롭고 불편한 자리라는 걸. 그리고 그 자리에서 진짜 나를 마주하게 된다는 걸.

지금 돌아보니, 사업은 내 그릇을 키우는 기회였다. 사업을 하지 않았다면, 나는 여전히 가족이라는 작은 울타리 안에 머물러 있었을 것이다. 누군가와 함께 일하고, 그들에 대한 책임을 지는 과정에서 내 그릇은 조금씩 커져 갔다.

누군가를 내 그릇에 담으려면 그만큼의 공간이 필요하다는 것. 그 공간이 없다면, 아무도 함께할 수 없다는 것. 이것이 바로 그릇의 크기일 것이다. 사실 아직도 나는 간장 종지만 한 그릇의 사장이다. 하지만 이제는 그 작은 그릇의 의미를 알 것 같다. 그 그릇이 앞으로 조금씩 커지길 바라본다.

김승호 회장의 저서 『사장학개론』에 따르면, 직원이 열 명될 때가 가장 어려운 시기이다. 한 인간이 감당할 수 있는 직원의 수는 열 명이 최대라고 한다. 그 이상이 되면 조직이 되고, 그조직이 조직을 굴러가게 한다. 직원 수 열 명이 마지막 고비인것이다.

직원이 열 명 된다는 것은 열 명을 다 품을 수 있는 그릇이된다는 것이다. 각자의 다른 요구를 품어 한 방향으로 이끌어 갈수 있다는 것. 그리고 그 직원들의 월급과 부양가족들을 모두 감당한다는 것은 한 개인으로서도 엄청난 일이라고 생각한다.

사장이 된다는 것은 단순히 돈을 버는 것을 넘어서 한 사람의 인격이 같이 성장해야 하는 일임을 배우게 된다.

간장 종지만 한 그릇의 사장 3

사무실을 내면서부터 같이 일하던 직원이 있었다. 오랜 기간 손발을 맞춰 왔기에 말하지 않아도 나 대신 직원 관리 및 많은 업무들을 맡아 왔다. 하지만 세월이 흐르자 서로에게 말하지 못한 불만들이 쌓이고 그것이 조금씩 흘러나와 어느 날 봉합할 수 없게 터져 버렸다. 그렇게 난 오랜 직원이자 친구를 잃었다.

사장은 외로운 자리이다. 그리고 불편한 상황에 자주 직면해야 하는 자리이다. 그 자리에서 나는 어떤 인간인가를 매번 마주한다. 항상 나의 작은 그릇이 문제였고 본질을 마주하지 않고 회피하다 문제를 키웠다.

10년의 세월 동안 간장 종지만 한 나의 그릇은 커지지 않았다. 사장으로 살아간다는 것은 나의 작은 그릇을 받아들이는 과정이었다. 지금은 그 작은 그릇에 타인을 향한 마음이 한 방울이라도 더해져 넘쳐나길 바라며 물을 채우는 과정이라 생각한다. 큰 바다는 언제나 한 방울의 물에서 시작되는 것이니 말이다.

지나고 나니 보이는 것들

행복한 간장 종지

사업의 크기는 사장의 그릇 크기만큼 자라게 된다. 그러나 그 크기가 반드시 행복의 크기와 비례하지는 않는다. 그릇이 충분히 커지지 않은 상태에서 무리하게 확장하면, 오히려 독이 되어 돌아올 수 있다.

자신의 그릇에 맞춰 하루하루 충실히 채워가다 보면, 어느 날 그릇의 물이 넘쳐 더 큰 그릇이 필요해질 것이다. 무리하지 않고, 현재의 상황에 맞춰 꾸준히 성장하는 것이 중요하다.

큰 그릇을 가지려면 그만큼의 어려움도 감당할 수 있어야 한다. 현재 내가 가진 그릇의 크기를 인정하고, 그에 맞는 목표를 세워 나아가는 것이 현명한 길이다. 그 과정에서 작은 성공과 성장을 경험하며 그릇은 자연스럽게 커지게 된다.

지금 나의 그릇이 작게 느껴질지라도 그 그릇을 꾸준히 채우길 바란다. 그렇게 하면 언젠가 그릇이 커지고, 더 많은 것을 담을 수 있게 될 것이다.

그 이후 나는 나의 그릇을 인정하고, 직원들이 가진 장점을 인정하기로 했다. 덜렁대는 나와 달리, 직원들은 모든 일을 꼼꼼히 처리하며 새는 구멍을 막아 주고 있었다. 육아와 시골이라는 지역적 제약으로 이곳에서 일할 뿐이지, 어딜 가서든 더 많은 급여를 받고 일할 사람들이었다. 나와 일해 주는 것만으로도 감사해야 할 상황이었다.

회사는 나의 그릇만큼 크다. 그 그릇은 도전과 고난을 통해 커지고, 그 과정에서 사람이 모인다는 것을 알았다.

나는 아직도 아주 작은 그릇의 사장이다. 하지만 그 그릇은 커질 가능성을 항상 잊지 않는다.

간장 종지만 한 그릇의 사장 2

한 번의 큰 위기 이후 신제품 개발이 회사의 큰 과제가 되었다. 그리고 앞으로 회사가 나가야 할 방향에 대해 깊이 고민하게 되었다. 하지만 이 고민을 누군가와 의논하고 싶어도 의논할 대상이 없었다.

하루 종일 신제품에 대해 고민한 후 직원들에게 의견을 물었다. 그들에게서 돌아오는 대답은 "네"와 "아니오"뿐이었다. 내가 미처 생각하지 못한 아이디어를 추가해 주고, 서로의 의견이 핑퐁처럼 오가며 회사가 성장하길 바랐다. 그 역할을 직원 가운데 누군가가 해 준다면 월급을 더 많이 줄 텐데, 회사를 함께 키워 갈 텐데, 왜 안 하는지 답답했다.

그러나 나중에 알았다. 그런 능력을 가진 사람은 그 능력만큼 대우를 해줘야 얻을 수 있다는 것을. 또한, 그런 능력 있는 사람은 나 같은 간장 종지만 한 그릇을 가진 사장과는 일하지 않는다는 것을.

지나고 나니 보이는 것들

독불장군의 값비싼 교훈

똑같은 실수를 반복했다. 매출이 확 떨어지기 전에도 수많은 신호가
있었다. 그 신호를 하나씩 체크하면서 세심하게 챙겼어야 했는데 마
음에 바람이 들어 무시했다가 큰일이 생겼다.

이번에도 마찬가지였다. 직원들의 불만이 새어 나왔고 그것을 분명히
인지하고 있었음에도 그냥 나를 이해해 주었으면 하는 마음으로 애써
모른 척 무시했다. 소통하고 작은 불만들을 같이 고민하고 해결했으
면 다른 결론이 나올 수도 있었을 텐데 그러지 못했다.

나 혼자 다 해결하려 했고, 나 혼자 이해받길 원했다.

나는 다분히 감정적으로 대응했다. "주문이 너무 많아서 힘들다고 하니 우선 광고를 모두 내리겠다"라는 말도 안 되는 대안을 내놓았다. 직원들이 원하는 것은 추가된 업무에 대한 적절한 보상이었는데 나의 결론은 일이 많아서 힘들면 일을 줄이겠다는 엉뚱한 판단이었다.

그리고 제작에서 손을 떼고 있던 나는 "이제부터 일주일간 들어오는 주문을 혼자 소화하면서 어떤 부분에서 변화가 필요한지 체크해 보겠다"라고 선언했다.

직원들은 졸지에 일을 잃었고 나는 졸지에 모든 일을 떠안았다. 그리고 들어오는 주문을 일주일간 혼자 소화했다. 오랜만에 하는 일이라 힘들고 벅찼지만 밤을 새며 해냈다. 하지만 일주일이 되자 그 이상은 무리였다.

직원들에게도 나에게도 도움이 되지 않는 편협한 아집의 결과는 참담했다. 이후 나는 합당한 비용 인상으로 그 상황을 마무리 지었다.

간장 종지만 한 그릇의 사장 1

직원들은 아슬아슬하게 불만을 가슴에 쌓아 두며 일을 하고 있었다. 나는 전에는 챙겨 보지 않았던 후기를 매일 체크하며 조금이라도 불만이 올라오면 직원들에게 관련 내용을 공지하고 업무를 추가했다.

그러던 어느 날, 끝까지 참았던 불만이 한 명에게서 툭 터져 나왔다. 그 불만은 다른 직원들의 가슴속 불만까지 같이 건드렸다. 물론 아무 말 하지 않은 직원도 있었지만 적극적 동조의 분위기가 걷잡을 수 없이 돌았다. 사무실은 순식간에 싸해졌다.

나는 대범한 척 직원들의 불만을 들어보기로 했다. "속지 검수에 시간이 너무 걸려서 힘들다." "포장 과정이 너무 복잡하다." "비용을 올려 달라." 지금까지 쌓아 두었던 이야기가 입 밖으로 하나둘 쏟아져 나오기 시작했다. 어느새 경청의 귀는 닫히고 서운한 마음이 훅하고 올라왔다. 얼마 전까지 망할 뻔하던 회사의 위기는 잊고 많아진 일에 감사해할 줄 모른다고 생각했다.

지나고 나니 보이는 것들

대화하지 않으면 알 수가 없다

결국 모든 문제의 핵심은 소통이었다. 불편한 이야기를 피하고 싶어하는 나의 성향이 위기 상황에서 더욱 두드러졌고, 나의 입장만 생각한 채 직원들의 상황을 고려하지 않았다.

같은 요리라도 담는 그릇에 따라 맛이 달라지듯, 같은 내용이라도 전달 방식에 따라 결과가 완전히 달라질 수 있다는 것을 깨달았다. 내 미숙한 소통 방식이 상황을 더 어렵게 만들었다.

이제 나는 안다. 리더의 역할은 단순히 방향을 제시하는 것이 아니라, 그 과정에서 모두의 입장을 고려하고 함께 나아가는 것임을. 위기는 혼자 극복하는 것이 아니라, 팀 전체가 함께 이겨 내는 것임을. 그리고 그 과정에서 가장 중요한 것은 마음을 연 소통이라는 것을.

직원은 앨범 하나를 작업하고 포장까지 마무리하면 그 건에 대한 비용을 받았다. 하지만 더 꼼꼼히 체크하는 것을 추가로 요구하며 비용은 그대로였다. 마치 같은 월급으로 더 많은 시간을 일하라는 요구와 다름없었다. 당연히 불만이 터져 나왔다.

나는 이 상황을 제대로 설명하지 못했다. 매출이 많이 줄었고, 기존에 없던 광고비까지 써야 하는 입장을 직원들이 이해해 주길 바랐다. 매출 회복에만 집중한 나머지, 직원들의 입장을 고려하지 못했다. 마치 폭풍우 속에서 배를 조종하느라 선원들의 피로를 잊은 선장처럼 행동했다.

직원들의 반란

나는 광고에 대한 불신이 심했다. 특히, 직장에서 마케팅 업무를 했기에 광고는 자칫하면 돈을 낭비하는, 효과 없는 일 중에 하나라는 편견에 사로잡혀 있었다. 하지만 위기는 나를 변화시켰다. 광고에 대한 뿌리 깊은 편견을 버리고, 온라인 광고를 시작하자 주문이 다시 살아나기 시작했다. 마치 마른 땅에 단비가 내리듯 인스타그램 광고를 통해 주문이 늘었고, 매출 감소로 쉬고 있던 프리랜서 직원들도 다시 일할 수 있게 되었다.

이 경험은 나에게 큰 깨달음을 주었다. 고객의 주문 하나하나가 얼마나 소중한지, 그리고 단순히 좋은 제품을 만드는 것을 넘어 구매부터 사용까지 전 과정을 세심하게 관리해야 한다는 것을 절실히 깨달았다. 마치 정성 들여 키운 화초를 손님에게 전달하듯, 앨범 속지 검수부터 포장까지 모든 과정에 더 많은 정성을 쏟기 시작했다.

하지만 이 변화는 예상치 못한 문제를 불러왔다. 그때까지

지나고 나니 보이는 것들

배움의 새로운 지도

배움의 방향과 속도가 달라졌다. 과거에는 지식과 경험이 위에서 아래로, 천천히 흘러내리는 강물 같았다. 하지만 지금은 배움의 흐름이 모든 방향으로 뻗어나가는 거미줄 같다. 나이나 지위와 상관없이 누구나 서로에게 스승이 될 수 있다. 특히 기술과 트렌드 면에서는 젊은 세대에게 배우는 일이 더 많아졌다.

속도 또한 엄청나게 빨라졌다. 과거에는 한 가지 기술을 익히는 데 몇 년이 걸렸다면, 지금은 몇 달, 어쩌면 몇 주 만에 새로운 기술을 습득해야 한다. 배움이 멈추는 순간, 우리는 뒤처지게 된다.

이런 변화가 처음에는 부담스럽고 버거웠다. 하지만 점차 이 새로운 흐름에 적응하면서, 오히려 이것이 우리를 더 활기차고 젊게 만든다는 사실을 깨달았다. 끊임없이 배우고 적응하는 과정이 우리의 사고를 유연하게 만들고, 새로운 기회를 발견하게 해 준다.

결국 중요한 건 **배움의 자세**다. 언제 어디서든, 누구에게서든 배울 준비가 되어 있어야 한다. 그리고 그 배움을 빠르게 실천할 수 있는 민첩성이 필요하다. 이것이 바로 현대 사회에서 성공하는 비즈니스의 핵심이며, 개인의 성장을 위한 열쇠다.

작조차 여러 번 설명해야 하는 상황이 너무도 답답했었다. 세월이 흘러 나는 할아버지가 느꼈을 감정이 무엇인지 조금은 이해할 수 있을 듯했다.

하지만 난 내게 필요한 것이 무엇인지 명확히 파악했고, 강사가 말하는 바를 모두 따라 할 수는 없었지만 내가 필요한 부분을 체크해서 변화시킬 수는 있었다.

그렇게 배운 방법들을 하나씩 적용하자 매출은 조금씩 다시 올라오기 시작했다.

오랜 시간이 지난 후에 알았다. 이 사업이 망하지 않고 10년 넘게 유지될 수 있었던 이유는 위기의 순간, 내가 어떻게 해야 하는지 알았기 때문이다. 이후로도 나는 수많은 위기를 만났고 매번 어떻게 해야 하는지 새로 배웠다. 더 이상 길 잃은 아이처럼 가만히 서 있지 않게 되었다.

한자어 '위기(危機)'는 위험(危險)과 기회(機會)를 모두 포함하는 단어이다. 위기는 언제나 기회의 얼굴을 하고 찾아온다는 것을, 이제는 안다. 위기 속에서 배운 것들이 나를 성장시키고, 더 나은 미래를 준비하게 만들었다.

다시 시작된 공부

매출이 급격히 줄어들면서 나는 네이버 쇼핑몰 관련 시스템부터 하나씩 살펴보고 변경하기 시작했다. 쇼핑몰로 성공한 젊은 사람들의 비법과 방법을 배우기 위해 엄청난 비용을 지불하고 세미나에 참여했다. 그들이 알려주는 방법을 하나씩 따라 했다. 그렇게 매출은 조금씩 다시 올라오기 시작했다.

온라인이나 오프라인 강의를 하는 사람들은 젊고 어린 청년들이었다. 그들은 데이터를 분석하고 시장에 진입해 판매를 이끌었다. 수시로 변경되는 네이버 정책도 적절히 반영하면서 수익을 창출하고 있었다. 나는 과거의 영광에 사로잡혀 변하지 않다가 점점 손님이 줄어 파리가 날리는 인기 없는 식당의 주인 아줌마가 된 기분이었다.

2000년도 초반, 아르바이트로 노인들 대상 포토샵 강의를 진행했던 경험이 있다. 당시에는 인터넷 보급 초기라 마우스를 클릭하는 것조차 두려워하는 분들이 많았다. 너무도 간단한 조

지나고 나니 보이는 것들

위기의 비밀

사업은 끊임없는 위기의 연속이다. 겉으로는 평온해 보여도 내면은 늘 긴장의 연속이다. 지금 잘 나가는 것 같아도 언제 어떤 문제가 생길지 모른다. 새로운 경쟁자가 나타나거나 시장이 급변하거나 고객의 마음이 바뀔 수 있다.

위기가 오면 우리의 가장 약한 부분이 먼저 무너진다. 하지만 이때가 오히려 기회다. 우리의 약점을 정확히 알고 고칠 수 있는 최적의 순간이기 때문이다. 위기가 빨리 올수록 우리는 더 빨리 개선할 수 있다.

나 역시 위기 때 새로운 제품을 개발했다. 지금은 그 제품들이 효자 상품이 되어 우리 회사의 매출을 이끌고 있다. 위기가 없었다면 이런 변화도 없었을 것이다.

사업을 하면서 배운 가장 큰 교훈은 이것이다. 위기는 두려운 게 아니라 나를 더 강하게 만드는 스승이다.

배 세 배 들었지만 드문드문 들어온 귀한 주문에 완벽한 제품을 발송해야 했다.

우리 앨범이 잘 검색되지 않는다는 것은 한참 후에 알게 되었다. 매출 하락의 가장 큰 요인을 그제야 알게 된 것이었다. 그 이후로도 네이버는 시스템 변경을 할 때마다 재빨리 대응하지 않으면 매출이 확확 떨어지는 경우가 있었다. 끊임없이 신경 쓰고 체크해야 했다.

그리고 앨범 외에 다른 제품을 추가로 개발하기로 했다. 처음으로 앨범 외의 제품을 고민하게 된 계기가 되었고 덕분에 지금은 이때 개발한 제품들이 또 하나의 효자 상품으로 매출을 이끌고 있다.

위기가 보여준 것들!

매출이 급락하자 나는 당황했다. 아무것도 변한 게 없는데 어떻게 이런 일이 일어날 수 있을까? 그동안 방치했던 사이트를 자세히 들여다보기 시작했다.

첫째, 고객 후기의 중요성을 깨달았다. 관리자 페이지에 후기란이 있다는 것조차 몰랐던 나는, 그곳에서 제품의 문제점을 발견했다. 고객들이 이미 오래전부터 지적해 온 문제였지만, 나는 그동안 이를 완전히 놓치고 있었다.

둘째, 네이버 시스템의 변화를 간과했다. 예전엔 '앨범'만 검색해도 우리 제품이 상위에 노출됐는데, 이제는 찾기 어려웠다. 시스템의 작은 변화가 우리에겐 엄청난 영향을 미쳤다.

셋째, 제품 다양성의 부족을 깨달았다. 앨범 하나에만 의존한 우리 사업의 취약점이 드러났다.

우선 내가 할 수 있는 부분부터 변경해 나가기 시작했다. 앨범의 경우 발송 전 속지를 모두 검수해서 발송했다. 시간이 두

지나고 나니 보이는 것들

추락은 찰나

성공의 계단을 오르는 데는 몇 년이 걸렸다. 하지만 내려오는 건 한순
간이었다. 긴 시간 동안 한 계단 한 계단 올라갔으나, 브레이크도 없이
미끄러져 내려왔다.

올라가는 방법만 알았지, 내려오는 방법은 몰랐다. 아니, 내려올 거라
고 생각조차 하지 않았다. 그래서 대비도 없이 그냥 추락했다.

그 순간, 다시 일어설 용기도 힘도 생기지 않았다. 그저 멍하니 그 상
황을 바라볼 수밖에 없었다. 마치 폭풍우 속에 홀로 서 있는 것 같았
다. 앞으로 나아갈 길도, 뒤로 물러설 곳도 없어 보였다.

하지만 지금 와서 생각해 보면, 그때의 좌절과 고통이 나를 더 강하게
만들었다. 그 경험이 없었다면, 나는 여전히 허술한 기반 위에 서 있었
을지도 모른다. 때로는 무너져야 더 단단하게 다시 세울 수 있다는 것
을, 그때는 미처 알지 못했다.

내 마음은 전혀 달랐다. 그때의 열정과 희망은 어디로 사라진 걸까?

나는 내 능력으로 물건을 잘 팔고 있다고 자부했다. 하지만 실상은 완전히 주먹구구식이었다. 왜 물건이 잘 팔리는지에 대한 분석이 전무했다. 팔리는 이유를 몰랐으니, 팔리지 않는 이유는 더더욱 알 수 없었다.

'이제 그만둬야 하나?' 이 생각이 제일 먼저 들었다. 원인을 모르니 해결책도 찾을 수 없었다. 의욕이 물거품처럼 사라졌다. 매일 출근하던 직원들이 이제는 이틀에 한 번, 그것도 반나절만 나오게 되었다. 사무실은 점점 더 적막해졌다.

매출 하락의 충격

매출이 서서히 줄어들기 시작했다. 처음엔 눈치채지 못했다. 아니, 어쩌면 눈치채고 싶지 않았는지도 모른다. '날씨 탓이겠지', '경기가 잠시 안 좋아서 그렇겠지'라며 스스로를 위로했다. 그러다 어느 순간, 매출이 절벽에서 떨어지듯 곤두박질쳤다.

원인을 알 수 없었다. 한번 떨어진 매출은 다시 올라올 기미가 보이지 않았다. 나는 미로에 갇힌 아이처럼 그 자리에 얼어붙었다. 누구에게 물어봐야 할지, 어디서부터 손을 써야 할지 감도 잡히지 않았다.

알바생들에게 더 이상 줄 일거리가 없었다. 상주 직원 둘마저 근무 시간을 반으로 줄여야 했다. 그들의 눈빛에서 불안과 실망을 읽을 수 있었다. 그 눈빛이 나를 더욱 무겁게 짓눌렀다.

사업 초창기엔 하루에 주문 한 건만 들어와도 행복했다. 그때는 팔리지 않는 게 당연했고, 오직 어떻게든 팔아 보려는 생각뿐이었다. 지금 앨범이 팔리지 않는 건 그때와 같은 상황이지만,

> 지나고 나니 보이는 것들

위기는 교활하다

성공이란 놈은 참 달콤하다. 은밀한 속삭임으로 우리를 유혹하고, 서서히 안일함의 늪으로 끌어당긴다. 봄날의 꽃가루처럼 보이지 않게 우리 주변에 퍼진다. 처음엔 코끝을 간질이는 정도로 시작해 서서히 우리의 감각을 무디게 만든다.

그 미세한 변화 속에 위기의 신호들이 숨어 있었다. 꽃가루 알레르기처럼 시작된 징후들. 변화하는 시장, 고객의 새로운 요구, 경쟁사의 움직임. 이 모두가 내 눈에는 보이지 않았다. 아니, 보고 싶지 않았는지도 모른다.

지금 돌이켜 보면 그때가 바로 폭풍 전야였다. 고요해 보이지만, 그 속에서 큰 변화의 기운이 꿈틀대고 있었다. 아이들과의 소중한 시간, 직원들과의 신뢰. 이 모든 것이 값졌지만, 그것만으로는 부족했다. 이 자산을 지키고 키우기 위해서는 끊임없는 노력과 깨어 있는 주의가 필요했다.

성공은 우리를 안일하게 만든다. 그리고 그 안일함은 위기의 씨앗이 된다. 내 마음에 분 달콤한 바람은 어느새 사업의 기반을 흔들고 있었다. 이는 단순히 사업의 문제가 아니었다. 삶의 균형, 책임감, 그리고 끊임없는 성장의 중요성을 일깨우는 순간이었다.

는 것 같았다.

아이들과 숲에서 뛰어놀고, 학교 엄마들과 어울리느라 정신 없는 나날들이 이어졌다. 숲속을 걸으며 아이들의 웃음소리를 듣고 있노라면, 이보다 더 행복할 순 없다고 생각했다. 학교 엄마들과의 모임은 때론 부담스럽기도 했지만, 그래도 아이들을 위해 필요하다고 여겼다.

아침에 주문만 확인하고 나머지는 직원들에게 맡겼다. '이 정도면 충분하겠지'라고 스스로 안위했다. 하지만 그건 나의 책임을 회피하는 변명에 불과했다.

이 좋은 날들이 영원할 줄 알았다. 내가 조금만 애쓰면 언제든 매출을 올릴 수 있다는 근거 없는 자신감에 빠졌다. 마치 모래로 궁전을 지으려는 것처럼 허황된 꿈을 꾸고 있었다. 제품 특성상 수작업이라 주문이 늘면 직원을 더 고용해야 하기에 '지금이 딱 좋아'라며 이 상황을 합리화하기까지 했다.

직원들은 나보다 꼼꼼한 편이었지만 그렇다고 눈에 걸리는 게 하나도 없을 순 없었다. 나는 갈등을 회피하고 싶어 불편한 얘기는 돌려 말했다. 마치 가시밭길을 맨발로 걷는 것처럼 조심스럽게 말을 골랐다. 그렇게 해서 평화로운 분위기를 유지하고 있다고 착각했다.

모든 게 완벽해 보였다. 하지만 그 완벽함 뒤에서 균열이 일고 있었다. 마치 아름다운 꽃 뒤에 숨어 있는 독버섯처럼. 그리고 난 그걸 전혀 눈치채지 못했다. 눈치채지 못한 게 아니라, 눈치채고 싶지 않았는지도 모른다.

마음에 바람이 들다

주문은 꾸준히 들어왔다. 광고 한 번 하지 않았는데 말이다. 입소문을 타고 퍼진 걸까? 아니면 운이 좋았던 걸까? 나는 그 이유를 깊이 생각하지 않았다. 그저 당연한 것이라 생각했다.

직원도 늘었다. 상주 직원 둘에 프리랜서 셋. 처음엔 혼자 모든 걸 했는데, 이제는 제법 규모가 있는 팀이 되었다. 나 없이도 사무실이 잘 돌아갔다. 어느새 사무실에 머무는 시간이 점점 줄어들었다. 처음엔 미안한 마음도 들었지만, 곧 이 자유로움에 취하기 시작했다.

그렇게 내 마음에 바람이 들었다.

취미에 빠졌다. 그림도 그리고, 바느질 모임에도 나갔다. 붓을 들고 캔버스 앞에 서면 시간 가는 줄 몰랐다. 바느질 모임에선 엄마들과 수다를 떨며 웃음꽃을 피웠다. 심지어 서양자수를 접목한 앨범을 만든다는 명목하에 서울까지 가서 프랑스자수를 배웠다. 섬세한 자수 작업에 몰두하다 보면 모든 걱정이 사라지

흔들리지 않는 뿌리

지나고 나니 보이는 것들

싸움의 기술

나는 천성적으로 싸움을 싫어한다. 잘 싸우지도 못할 뿐더러 그 사람과 껄끄러운 상황이 되는 게 매우 불편하다. 하지만 사업을 하면 수많은 문제와 갈등이 오가게 된다. 그 상황을 회피하면 회피한 만큼 손실이 된다.

잘 싸워야 한다. 특히, 남자들과는 더 잘 싸워야 한다.

남자들은 싸움이 끝나면 감정을 오래 끌지 않는다. 논리적으로 문제를 해결하고 나면 감정적인 여운이 남지 않는 경우가 많다. 그래서 논리적으로 싸우고, 합의를 보면 감정적인 상처는 덜 남는다.

반면, 여성들은 감정을 더 중요하게 여긴다. 나는 문제 해결보다는 감정을 상하지 않게 하는 데 집중하곤 했다. 남자들에게도 똑같이 적용했더니, 오히려 오해와 갈등을 더 키웠다.

일과 감정을 분리하는 것이 중요하다. 문제는 논리적으로 해결하고, 감정은 따로 다루는 것이 좋다. 이렇게 하면 상처를 덜 받고, 문제 해결도 더 빠르다.

리고 그렇게 몇 번 강하게 밀고 나가니까 사장님의 태도도 조금씩 변하기 시작했다. 그리고 깨닫게 된 중요한 사실이 있다. 사업을 오래 하신 분들은 일로 인한 갈등을 당연한 하나의 과정으로 받아들인다는 것이다.

제품 문제로 강력히 컴플레인 하고 고성이 오가도 그 일을 조율하고 나면 더 이상 앙금을 남겨 두지 않으셨다. 몇 달 뒤 사장님은 친절한 목소리로 다시 전화를 걸어 앨범은 잘 팔리냐, 혹시 더 주문할 때 되지 않았냐, 새로운 소재가 수입되었는데 이것도 써 볼 생각 없느냐 제안을 했다. 그렇게 싸우고 돌아서면 안부를 묻는 가족 같은 사이가 되었다.

어느새 사장님은 할아버지가 되어 직원에게 사장 자리를 물려주었지만 여전히 모든 것을 총괄하고 있다. 사업을 시작하고, 내가 강해지는 데 가장 큰 공헌을 하신 분이다. 오래오래 국내 앨범의 명맥을 이어 주길 바랄 뿐이다.

흔들리지 않는 뿌리

용기가 나지 않았다. 어쩔 수 없이 10년 넘도록 이 사장님과 일하고 있다.

앞서 말했듯이 제작 비용을 입금하면 그 금액 그대로 세금계산서를 발행해야 하는데, 금액을 축소해서 발행하기도 하고 물건 중 불량이 있을 경우 환불 처리를 해 주지 않아 손실이 나기도 했다. 돈을 받기 전에는 친절하고, 돈 받은 후에는 나 몰라라 하는 사장님의 태도는 나의 뚜껑을 수차례 열리게 만들었다. 그래도 우리나라에서 가장 잘 만드는 곳이라 포기할 수 없었다. 사장님을 바꿀 수 없으니 내가 바뀌어야 했다.

나는 갈등을 가장 어려워한다. 갈등 회피형 인간이다. 상대가 약간 고압적으로 나오거나 불편하다고 생각되면 만나지 않거나 관계를 서서히 끊어버리기도 한다. 하지만 이 사장님과는 그럴 수 없었다. 나는 더 이상 착하고 여린 사장이 될 수 없었다. 세금계산서 발행이 늦어지면 내 눈으로 확인할 때까지 끝까지 연락해 10원 단위까지 금액을 확인했다. 그리고 제품이 들어오면 모든 박스를 열어 테스트했고, 불량이 나오면 잔금을 넣지 않았다. 모든 일이 마무리되면 그때 잔금을 지급했다. 제품에 문제가 생겨 전화를 걸면 발뺌부터 하는 사장님이 불량이 아니라고 우기면 직접 찾아가서 제품 비교를 하며 교체해 달라 큰소리로 싸우기까지 했다.

누군가와 싸우면 관계가 틀어질까 두려워 회피하려 했다. 하지만 일에서는 싸우더라도 문제를 반드시 해결해야 했다. 그

사기꾼의 인생 레슨

눈물과 분노로 얼룩진 그날, 나는 앨범 제작 업체 사장님께 전화를 걸어 당장 따지고 싶었다. 그러나 손이 떨려서 통화 버튼을 누를 수가 없었다. 몇 번이나 머릿속으로 대화를 시뮬레이션했다. "계산서 금액을 축소해서 발행하셨네요"라고 말하면, 사장님은 뭐라고 대답할까? "그게 무슨 문제냐! 이미 끝난 일인데." 아니면 "직원이 실수했네"라고 할까? 그 다음에 나는 뭐라고 말해야 할지 생각이 나지 않았다. 결국, 나는 떨리는 손에 쥔 전화기를 놓고 스스로를 자책했다.

사업을 시작하고 나를 가장 힘들게 한 사람은 앨범 제작 업체 사장님이었다. 우리나라 앨범 제작 업체는 단 두 개밖에 남지 않았다. 그나마 이곳이 가장 낫다고 들어서 다른 대안이 없었다. 사장님이 너무 힘들게 할 때는 중국에서 수입을 해야 하나 고민도 했지만 중국 제품을 신뢰할 수 없었다. 혹시 불량이라도 오게되면 중국어나 영어로 컴플레인을 걸거나 싸워야 하는데 선뜻

흔들리지 않는 뿌리

방식이었다.

돈을 벌기 위해 애쓰던 시간은 이제 사회에 환원하는 시간으로 바뀌었다. 그 과정에서 나는 더 큰 책임감과 함께 더 넓은 시야를 가지게 되었다. 돈이란 단순히 자산이 아니라 내가 이 사회와 나누는 가치라는 것을, 사업을 통해 배웠다.

> 지나고 나니 보이는 것들

세금의 무게

직장 생활을 할 때, 세금은 언제나 내 편이었다. 적은 월급으로 살아가야 하는 나에게 회사는 4대 보험 비용도 감당해 주고, 세금도 월급에 비례해 적게 냈다. 그때는 세금이라는 것이 멀게만 느껴졌고, 나와는 크게 상관없는 문제로 여겨졌다.

하지만 온라인 사업을 시작하면서 돈을 많이 벌수록 세금도 많이 내야 하는 현실을 마주하게 되었다. 직장인에게는 배부른 소리로 들리겠지만, 그렇게 오랜 세월 노력해서 몇 년 만에 낸 수익이 세금으로 대거 나가면 억울하다는 생각이 가장 먼저 든다.

사업으로 엄청나게 돈을 벌 것 같지만, 소상공인으로 사업을 하다 보면 알게 된다. 많이 벌면 그만큼 많은 세금을 내야 하며, 세금을 줄이려면 계속적인 투자를 해서 사업 규모를 키우고 미래를 준비하는 것이 훨씬 유리하다는 것을.

세상을 통해 얻은 만큼 세상에 돌려줘야 한다는 것을 사업을 통해 배웠다. 처음에는 억울하고 화가 나기도 했지만, 시간이 지나면서 깨달았다. 내가 번 돈의 일부를 사회에 환원하는 것이 결국 더 큰 선순환을 만든다는 것을. 세금은 내가 이 사회의 일원으로서 책임을 다하는 한에 계산서를 발행해 달라는 사람이 어디 있냐고 화를 내셨다. 나는 어쩔 줄 몰라서 울먹이며 세무사에게 다시 전화를 했다. 업체에서 발행을 안 해 준다고 하니까 세무사는 무슨 소리냐고 말이 안 된다고 꼭 발행해야 한다고 단호히 말했다.

나는 왕초보 사장이었다. 산전수전 공중전까지 다 치른 베테랑 앨범 공장 사장님에게는 하룻강아지 같은 존재였다. 하지만 더 물러설 길이 없기에 계속 전화를 드려 결국은 10퍼센트 부가세를 내고 계산서를 발행받기로 했다. 앨범 계산서만 발행하면 세금이 확 줄 거라 생각했다. 하지만 그것만으로는 턱도 없었다. 증빙 자료를 최대한 모았지만 너무 늦었다.

어쩔 수 없이 세금을 때려 맞았다. 그날 나는 세금의 무서움을 알게 되었다. 그 이후로 작은 것 하나라도, 10퍼센트 부가세를 내더라도, 세금계산서를 발행하는 것이 더 낫다는 것을 알게 되었다.

그리고 마지막 반전이 있었다. 세금 계산서를 발행해 준다는 앨범 사장님의 말만 믿고 기다렸는데 나중에 금액을 확인해 보니 계산서 금액을 적게 발행했다. 그 금액을 확인했을 때는 연도가 변경되어 수정도 안 되었다.

나는 큰돈을 내고 세상 공부를 했다.

세금을 때려 맞다

비가 하늘에서 구멍이 난 것처럼 쏟아지던 날, 세무사에게서 걸려온 전화를 받았다.

"이 천만 원 정도의 세금이 나올 것 같습니다." 귀를 의심했다. 손이 떨리기 시작했다. 바닥에 내려놓은 커피 잔은 어느새 식어 있었다. 내가 이토록 무지했다니. 간이 과세자로 물건을 팔기만 했지, 세금에 대해선 아무것도 몰랐다.

개인 사업자는 법적으로 장부를 작성하고 세금 신고를 해야 한다고 해서 아는 지인을 통해 며칠 전 세무사와 처음으로 미팅을 했다. 세무사는 계산서 발행 내역을 보내 달라고 했고, 나는 없다고 했다. 세무사는 너무도 황당해 했고 지금이라도 업체에 연락해서 세금계산서 발행을 요청하라고 했다.

우선 가장 많은 비용이 들어가는 앨범 제작 업체에 연락해 상황을 설명하고 세금계산서를 발행하려 했으나 앨범 사장님은 단칼에 거절했다. 벌써 다 처리가 되었는데 무슨 말이냐고, 나중

3부
흔들리지 않는 뿌리

지나고 나니 보이는 것들

폭풍을 견디는 시기

인생의 황금기라 불리는 30대와 40대는 동시에 가장 무거운 짐을 짊어지는 시기이다. 결혼, 육아, 직장에서의 성취… 모든 면에서 최고가 되어야 한다는 부담감에 우리는 폭풍우 속 나무처럼 끊임없이 흔들린다.

하지만 이 시기야말로 깊은 뿌리를 내릴 수 있는 소중한 시간이다. 폭풍우는 우리를 흔들지만, 동시에 더 깊이 뿌리를 내리게 한다. 부부는 서로의 가지를 엮어가며 이 시간을 함께 견뎌낸다.

이 과정에서 중요한 것은 균형이다. 육아에만 매몰되거나, 반대로 경제적 성취에만 집중하여 가정을 소홀히 한다면, 그것은 마치 뿌리는 내리지 않고 위로만 자라는 나무가 되는 것과 같다. 진정한 부부라면 서로의 성장을 돕고, 각자의 꿈을 존중하며 지지해야 한다.

30대와 40대는 인생에서 가장 힘들지만 동시에 가장 풍요로운 시기이다. 이 시간 속에서 우리는 파트너십의 참의미를 배우고, 함께 성장하며 인생의 진정한 가치를 발견해 나간다.

토로할 때가 있다. 그럴 때마다 나는 당장 퇴사하라고 큰소리치지만 정말 그러면 어떡하지라는 마음속 소리가 미세하게 진동한다.

내가 지금 이렇게 행복하게 일할 수 있는 건 남편이 그 무거운 짐을 혼자 짊어졌기 때문이다. 언젠가 남편이 그 짐을 정말 내려놓을 때, 내가 그 짐을 대신 짊어질 수 있는 아내가 되면 좋겠다.

남편의 월 생활비는 당연히 들어올 거라 생각했다. 그러다 연말, 세금 정산을 위해 입금 내역을 정리하던 중 놀라운 사실을 발견했다. 그해 남편은 단 한 번도 생활비를 보내지 않았던 것이다. 더 놀라운 건, 내가 그걸 전혀 눈치채지 못했고 일상생활에 아무런 지장을 받지 않았다는 점이다.

퇴근한 남편에게 물어보니 그도 몰랐단다. 회사에서 은행을 바꾸면서 자동이체가 끊긴 걸 모르고 있었다고 했다. 남편의 의도였는지 정말 몰랐는지는 여전히 미스터리지만, 그의 표정과 뉘앙스로 봐선 의도한 건 아니었던 것 같다.

하지만 남편은 새어나오는 미소를 차마 숨기지 못했다. 1년간 생활비를 보내지 않아도 가정 경제가 돌아간다는 사실에 대한 안도감이었을 것이다. 숨구멍이 생긴 듯했다.

이후 지인으로부터 남편이 이 이야기를 자랑스레 전했다는 소식을 들었다. 가장으로서, 장남으로서의 삶의 무게는 내가 생각했던 것보다 훨씬 무거웠던 것 같다. 물론 아내 자랑이기도 했을 것이다.

남편은 내가 돈을 벌면서 한 번도 얼마 버는지, 얼마 나가는지 묻지 않았다. 가끔은 다른 생각도 했을 만한데 지금까지 자신의 짐을 내려놓지 않았다. 대기업의 임원이라 하면 엄청 대단하게 보지만, 실상은 퇴직 통보를 바로 전날 받는 위태로운 자리이다. 그 위치에 있는 사람이 짊어져야 하는 책임감의 크기는 상상을 초월할 것이다. 가끔 남편은 술 한잔 걸치고 들어와 힘듦을

생활비가 끊겼다

남편이 보내던 생활비가 통장에서 사라졌다. 그것도 무려 1년이나.

이 사실을 깨달았을 때, 나는 충격에 빠졌다. 하지만 더 놀라운 것은 그동안 내가 전혀 인식하지 못했다는 점이다.

우리 부부는 각자의 월급을 개별적으로 관리했다. 과도한 소비 습관이 없었기에, 큰 지출이 필요할 때만 각자 모은 돈을 합쳐 가정 경제에 보탰다. 하지만 내가 회사를 그만두고 사업을 시작한 후 몇 년간은 제대로 된 수입을 얻기 어려웠다. 그래서 남편 월급의 일부가 '생활비'라는 명목으로 매월 내 통장으로 자동이체되었다.

사업이 안정되고 네이버에서 매일 정산 시스템으로 바뀌면서, 내 통장에는 매일 현금이 들어왔다. 어느새 나는 얼마가 들어오는지 세세히 신경 쓰지 않게 되었다. 매출은 꾸준히 확인했지만, 정작 입금액에는 무감각해졌다.

지나고 나니 보이는 것들

자기만의 방

공간이 주는 힘이 있다. 특히, 아이가 어린 경우 삶의 공간은 언제나 해야 할 일로 가득하다. 그런 공간에서 여유롭게 쉴 수 있는 곳은 어디에도 없다. 물론, 아이들이 잠들면 잠깐의 여유 시간이 있지만 그것은 여유 시간이지 공간이 아니다.

'제3의 공간'을 찾아보자. 그곳이 집의 어느 한 구석일 수도, 아니면 작은 카페일 수도, 아니면 다른 곳일 수도 있다. 매일 똑같은 패턴의 삶에서 벗어날 수 있고 미래를 위해 준비할 수 있는 공간을 꼭 만들기 바란다. 그 공간은 우리에게 새로운 힘과 영감을 줄 것이다. 잠시 숨을 고르고, 다시 나아갈 힘을 주는 곳. 그것이 우리가 필요로 하는 '제3의 공간'이다.

은 엄연히 다른 공간이고, 공간이 달라지는 것만으로도 일을 대하는 태도와 효율이 달라진다.

어른들이 아이를 낳기 꺼려하는 젊은이들에게 '아이는 자기 먹을 밥그릇은 가지고 태어난다'라는 이해할 수 없는 말을 할 때가 있다. 하지만 이제는 그 말이 이해가 간다. 결혼을 하지 않거나 아이를 낳지 않으면 많은 돈을 모을 수 있을 것 같지만 실제는 그 반대가 더 많다. 아이 때문에 책임감이 더 높아지고 안정적인 집에 대한 갈망이 커지고, 무리해서 아파트를 구매하고 대출금을 갚기 시작한다. 처음엔 대출금 때문에 쪼들리지만 시간이 지날수록 그 주택의 가치는 오른다. 저축을 해서 모을 수 없는 범위의 자산으로 커진다. 꼭 집이 아니어도 인간은 자식에 대한 책임감으로 자기가 할 수 있는 범위를 넘어선 일을 하는 경우가 많다.

사무실 역시 감당할 수 없을 것 같았지만 사무실을 가지면서 나의 업무는 더 효율적으로 변화했다. 그에 따른 책임감에 또 다른 상품을 개발하고 추가하면서 사업의 선순환을 끌어냈다.

워라밸 지킴이, 나만의 공간

집은 언제나 일거리로 가득하다. 밥을 차려야 하고, 아이들이 벗어 놓은 옷을 정리하고, 빨래를 해야 한다. 금세 어질러지는 장난감들이 나의 쉼 없는 노동을 강요한다. 어린아이가 있는 집은 강력한 생명력을 가지고 살아 움직이는 것 같다. 아이들의 모든 발자취는 흔적으로 남았고, 그 흔적은 영원히 지워지지 않는 굴레처럼 끊임없이 반복되었다.

반면에 사무실은 조용했다. 그곳은 오히려 노동의 공간이 아닌 쉼의 공간이었다. 힘들게 집안일을 끝내고 사무실로 들어서면 따뜻한 커피 한 잔과 라디오 음악 소리, 삶의 애환을 나눌 수 있는 동네 친구이자 동료가 나를 맞이했다. 어쩌면 집보다 사무실에서 편히 숨을 쉴 수 있었다. 그곳이 나만의 작은 피난처였다.

작업실을 차릴 때는 내가 월세를 감당할 수 있을지 걱정했지만, 시간이 지날수록 정말 잘했다는 생각이 든다. 집과 작업실

지나고 나니 보이는 것들

빨리 가려면 혼자 가고
멀리 가려면 함께 가라

나는 욕심이 많은 편이다. 가능하면 일을 혼자 다 하고 그 이익을 내가 다 가지고 싶었다. 하지만 육아를 병행해야 했기 때문에 어쩔 수 없이 일을 배분해야 했다. 만약 내가 욕심에 눈이 멀어 그 모든 일을 혼자 껴안았다면 그것이 얼마나 내 삶을 불행하게 만들었을지는 불 보듯 뻔하다.

어쩔 수 없이 한 선택이지만, 그 선택이 균형 있게 살 수 있게 도와주었다. 일을 나누고 함께 일하는 과정에서 나는 더 큰 성장을 경험했다. 혼자서는 불가능했을 일들을 함께 이뤄 냈고, 그 과정에서 삶의 균형을 찾았다.

결국, 함께 가는 길은 단순히 일을 더는 것 이상의 가치가 있었다. 그것은 나의 삶을 더 풍요롭게 만들고, 오랫동안 이 길을 걸을 수 있게 도와주었다.

게 일중독이 되어 일에 치여 사는 삶을 살았을 것이다. 아이의 웃음을 보며, 삶에서 중요한 것이 무엇인지를 깨닫는 순간이 더 늦어질 수도 있었겠다는 생각이 들었다.

아이들이 있어서 그 모든 일을 내가 하지 않고 직원들에게 나눠 주었다. 덕분에 일과 삶의 균형을 가질 수 있게 되었다. 자영업이 잘되면 잘될수록 그 일을 끌어안고 가는 경우가 많다. 주변의 유명한 노포 사장님들을 보면, 평생 여행 한 번을 가지 못하고 일터에 인생을 바치는 경우가 있다. 물론, 존경심이 먼저 들지만 안쓰러운 마음도 교차한다.

내가 모든 일을 끌어안고 집에서 혼자 하려 했을 때 남편과의 싸움은 잦았다. 남편의 눈에 비친 나는 언제나 피곤에 지쳐 있었다. 그러나 작업실을 외부에 따로 내고, 직원들이 내 일을 감당해 주면서, 나에게도 소중한 시간이 생겼다. 그 시간들은 내게 단순한 휴식이 아닌, 잃어버렸던 나 자신을 되찾는 소중한 순간들이었다. 남편과의 갈등도 눈에 띄게 사라졌다.

성장의 시간들

직원이 생기다

이때까지만 해도 엄마들은 각자의 일정에 맞춰 자유롭게 일을 처리했다. 하지만 사업이 성장하면서 택배 물량도 많아지고 해야 할 업무도 늘어 풀타임으로 일해 줄 사람이 필요했다. 다행히 직원을 구했고 덕분에 기본적으로 매일 처리해야 하는 택배 포장이나 급한 고객 요청 사항들을 원활히 처리할 수 있게 되었다. 자유롭게 시간을 선택해서 일하는 프리랜서 엄마들의 업무 공백을 채워 주는 직원을 둠으로써 일은 안정적으로 진행되었다.

항상 일손이 부족했기에 엄마들은 자신이 원하는 시간에 원하는 만큼 일할 수 있었다. 일은 그렇게 순조롭게 흘러갔다. 풀타임 직원 덕분에 마음 놓고 아이들 학교 행사에 참여도 하고 개인 스케줄도 소화할 수 있게 되었다.

어느 날, 문득 아이가 학교에서 만들어 온 종이 카네이션을 보며 생각했다. 만약 나에게 아이가 없고 온라인 쇼핑몰만 운영했다면, 나는 이 일을 혼자 끌어안고 다 하려 했을 것이다. 그렇

○ 지나고 나니 보이는 것들

용기, 우리 능력의 숨은 열쇠

삶의 공간에서 일을 분리하자 작업은 더 효율적으로 진행되었다. 이는 단순히 물리적 공간의 변화가 아니라, 마음의 공간도 함께 정리되는 경험이었다.

무언가 새로 시작할 때 '과연 내가 이것을 감당할 수 있을까?' 하는 생각이 수십 번 들곤 했다. 작업실을 마련할 때도 그랬다. 하지만 결과적으로 모두 감당해 냈고, 오히려 주저한 시간이 아깝다는 생각이 들었다.

우리는 종종 자신의 능력을 과소평가하곤 한다. 하지만 실제로 도전해 보면, 우리가 예상했던 것보다 더 많은 것을 해낼 수 있음을 알게 된다. 결국, 우리가 하는 고민들은 대부분 우리가 충분히 감당할 수 있는 것들이었다.

지금 당신에게 필요한 건 단 하나, '용기'이다. 두려움 때문에 주저하지 말고, 한 발짝 앞으로 나아가 보자. 그 한 걸음이 당신의 삶을 크게 변화시킬 수 있다. 당신이 상상했던 것보다 더 큰 가능성이 당신 안에 있다는 것을 기억하라.

이제는 각자 집으로 일거리를 가져가지 않아도 되었다. 날카로운 기구들을 늘어놓았다 치웠다 하는 번거로움도 사라졌다. 각자 필요한 시간에 사무실에 들려 자신의 책상에 앉아서 업무를 마무리 짓고 퇴근했다. 우리 모두 오랜만에 가진 자기 책상이었다. 일할 공간과 내 책상이 있다는 것만으로도 행복했다.

사실, 작업실 비용을 감당할 수 있을지 처음엔 두려웠다. 매출이 있던 없던 꼬박꼬박 월세를 감당해야 한다는 것이 큰 부담으로 다가왔다. 하지만 10년이 훨씬 지난 지금까지 충분히 그 일을 감당하고 있다. 그때 반으로 잘라 사용했던 작업실을 전부 사용할 만큼 규모도 커졌다. 이제는 다른 곳에도 창고를 둘 정도로 성장했다.

집에서 일할 때와는 다르게 공간이 주는 힘은 컸다. 특히 그곳이 아이들 학교 근처여서, 아이들이 하교한 뒤 들리는 참새 방앗간이 되었다. 엄마들은 그곳에서 일하고, 아이들은 하굣길에 엄마와 같이 퇴근했다. 육아와 일을 함께하는 작은 공동체로서의 작업실이 완성되었다.

집과 일의 분리

일을 도와주는 동료 엄마가 한 명에서 두 명으로 늘어났다. 각자의 집으로 일을 가져가서 하긴 했지만, 앨범을 완성하기 위해서는 무거운 프레스 기계가 필요했고, 그 기계를 각자의 집에 두기는 어려웠다. 또한 일을 하려면 다양하고 날카로운 도구들을 펼쳐 놓을 공간이 필요했다. 사람이 두 명으로 늘어나면서 집에서의 업무는 비효율적이 되었고, 다른 대안이 필요하다는 생각이 들었다.

작업실을 찾아보기 시작했지만, 시골에 살고 있어서 적당한 장소를 찾기가 쉽지 않았다. 그러던 중, 집 근처에 비어 있는 곳을 발견했다. 주인에게 문의해 보니 월세가 예상했던 금액의 두 배 이상이었다. 공간도 너무 커서 처음엔 망설여졌지만, 결국 건물주와 협상하여 공간의 반만 사용하기로 하고, 월세도 조금 깎았다. 그렇게 책상 세 개와 프레스 기계를 놓은 작고 아담한 첫 작업실이 생겼다.

성장의 시간들

지나고 나니 보이는 것들

제2의 인생을 위한 황금기

전업주부가 일을 하지 못할 이유는 백만 가지가 넘는다. 그리고 그 모든 이유는 누구나 이해할 수 있는 부분이다.

그럼에도 불구하고 일을 하고 싶다면, 전업주부 시기가 당신의 인생에서 일을 준비하기 가장 좋은 순간임을 잊지 말라. 자녀에게 부모의 손이 가장 많이 필요한 순간은 초등학교 저학년 때까지이며, 이는 즉 거의 10년이라는 준비 시간이 주어졌다는 의미다. 그 시간은 긴 것 같지만 순식간에 지나간다.

제2의 인생을 준비할 수 있는 10년의 시간이 주어졌음을 잊지 말라. 이 기간은 단순히 아이를 키우는 시간이 아니라, 당신의 새로운 미래를 설계하고 준비할 수 있는 황금기이다. 이 시간을 어떻게 활용하느냐에 따라 당신의 미래가 달라진다. 지금부터 조금씩 준비한다면, 아이가 고학년이 됐을 때 당신은 이미 새로운 출발선에 서 있을 것이다.

하는 게 두려워진다. 결국은 영원히 경제적 독립을 못한 채 생을 마감할 수도 있다. 물론, 가정에서 엄마라는 존재가 하는 일은 돈으로 치환하면 상당한 금액 보상이 마땅한 업무이다. 하지만 금전적으로 여자가 생각하는 '충분한 인정'과 남편이 생각하는 '충분한 인정' 사이에는 큰 격차가 있는 것 같다.

세상은 너무도 빠르게 변화하고 있다. 직장 생활만 하다가 퇴직하고 새로운 일을 시작하려면 그동안 내가 너무 우물 안 개구리처럼 살았다는 생각이 들게 마련이다. 그러니 엄마로만 십몇 년을 살아가다 갑자기 일을 시작하려면 빠르게 변해버린 세상에 적응하기가 너무도 어려울 수밖에.

꾸준히 일을 하기 위한 준비의 끈을 놓지 말길 바란다.

일이란 단지 돈을 벌기 위한 수단이 아니다. 많은 엄마들은 시간과 기회만 주어진다면 언제든지 일하고 싶어 한다. 하지만 우리 사회의 시스템은 육아를 지원하기에 충분히 준비되어 있지 않다. 당시에는 야근과 회식이 직장 생활의 일부였다. 육아는 항상 누군가 전담해야 할 중요한 일이었고, 그 책임은 대부분 여성에게 떠맡겨졌다. 맞벌이를 선택했다 해도 여성이 감당해야 할 부분이 더 컸다.

성장하면서 남녀 차별이 없다고 생각했지만, 뿌리 깊게 박힌 사회적 역할을 깨는 데 생각보다 시간이 오래 걸렸다. 일하는 엄마들이 자주 하는 말 중에 하나가 "내가 무슨 부귀영화를 얻고자 아이를 놔두고 이 일을 하는 것일까?"이다. 아이가 아프거나, 어린이집에 제시간에 데리러 가지 못하는 상황이 반복되면 부부 사이도 금세 예민해질 수밖에 없다. 그런 상황에서 도와줄 사람이 없다면, 일을 그만두어야 하는 건 여자이다. 누가 시킨 것도, 누가 강력히 이야기한 것도 아닌데 돈을 더 적게 번다는 이유로, 사회적으로 남편이 더 진급이 빠를 것이라는 이유로, 아이는 엄마가 키워야 한다는 이유로, 여자에게 강요된다.

인간이 부모로부터 독립하기 위해서는 세 가지 독립이 필요하다. 정신적·신체적·경제적 독립. 하지만 자칫하면 우리는 어른이 되어도 경제적 독립을 하지 못하게 된다. 자녀가 어린 경우에는 육아로 인해, 아이들이 커서 더 이상 부모의 도움이 필요 없는 순간엔 너무 오랫동안 일하지 않아 무언가를 새롭게 시작

일하고 싶은 엄마들

어느덧 주문이 많아져, 혼자서는 감당할 수 없는 지경에 이르렀
다. 도움이 절실했다. 그때 떠오른 건 주변에 아르바이트라도 하
고 싶어 하는 엄마들이었다. 많은 엄마들이 일하길 원하지만, 아
이들이 어린이집이나 학교에 간 시간에만 일을 할 수 있다는 제
약이 있다. 그 시간에만 일할 수 있는 직장을 구하더라도 아이가
아프기라도 하면 조퇴하거나 휴가를 내야만 한다. 어린이집에
다니기 시작하면 감기와 친구처럼 지내기 일쑤고, 그럴 때마다
직장에 양해를 구하기란 쉽지 않다.

  내가 그녀들에게 제공할 수 있는 최고의 혜택은 시간의 자
유였다. 처음에는 그녀들이 우리 집에 와서 같이 작업을 배우며
일을 했다. 일에 익숙해지면 재료를 집으로 가져가서 하는 방식
으로 전환했다. 이 방식은 시간을 자유롭게 활용하며 경제적으
로 자립하는 데 조금이나마 도움이 되었고 나 또한 주문량을 감
당할 수 있게 되어 서로에게 이익이었다.

성장의 시간들

지나고 나니 보이는 것들

무거울수록 소중하다

아이를 키우며 동시에 일을 하는 것은 마치 두 개의 무거운 짐을 한꺼
번에 지고 가는 것과 같다. 이 무게를 나눠 질 수 있다면 좋겠지만, 현
실은 그렇지 못한 경우가 많다. 삼사십 대는 회사에서 자리를 잡아야
하는 중요한 시기이며, 집에서는 아이들에게 손이 가장 많이 가는 시
기이다. 하지만 짐이 무겁다는 것은 그만큼 인생에서 소중한 것이라
는 사실을 잊지 말길 바란다.

언젠가 그 무거운 짐을 내려놓는 날, 소중함을 뒤늦게 깨닫고 후회하
지 않게 가능한 그 시간을 즐기길 바란다. 인생은 결승점을 향해 달리
는 달리기가 아니라, 아름다운 소풍이기에.

림할 시간은 언제나 부족했다. 그 부족한 시간을 핑계로 집안일을 더욱 미뤄두었다.

남편은 힘든 직장에서 돌아와 집에서 쉬길 바랐다. 하지만 나에게 집이란 일과 육아를 함께해야 하는 아주 빡센 직장과도 같은 공간이었다. 집 밖에서 엄마들과 차 한잔 마시며, 그림을 그리며, 바느질을 할 때 비로소 쉬는 것 같았다. 집에 들어오는 순간 해야 할 일들이 밀린 설거지처럼 쌓여 있었다.

사실 그런 어수선함이 가장 불편한 사람은 나였다. 하지만 한번 미루기 시작한 집안일은 어디서부터 손을 데야 할지 막막했고, 시간이 지날수록 집안일로부터 도망치고 싶었다. 그렇게 하루하루를 미루다가 어느 날 퇴근한 남편이 집에 들어오자마자 어수선한 집안을 치우기 시작했다. 짜증이 묻어나는 그 행동이 나를 비난하는 것 같았다. 마음 한 구석에 눌러놓았던 죄책감에 불이 붙었다. 부부 싸움으로 번졌다. 그렇게 대판 부부 싸움을 한 후 남편은 화가 나서 방에 들어갔다. 나 역시 혼자만의 동굴에 들어가 화난 감정을 추스르고 싶었다. 하지만 그날 밤 혼자서 스무 건 가까이 앨범을 제작해야 했다. 눈물을 흘리면서도 손은 멈추지 않았다. "내가 이 일을 왜 하는 것일까?" "무슨 부귀영화를 얻고자 이 일을 하는 것일까?" "일은 나에게 무슨 의미가 있는 것일까?" 수많은 질문들이 그 깊은 밤 나를 괴롭혔다.

성장의 시간들

매출이 늘자 찾아온 부부 위기

네이버에 입점하고 나서 판매량이 느는 것은 분명 반가운 일이었다. 가장 어려운 작업까지 대량 제작으로 해결할 수 있어 혼자서도 충분히 주문량을 소화할 수 있게 되었다. 그러나 나의 일은 이것으로 끝나지 않았다. 아이들을 키우느라 엄마들과의 관계를 소홀히 할 수 없었다. 낮에는 이 모임 저 모임 참석하느라 정신이 없고, 아이들이 다른 아이들과 어울릴 시간도 마련해 주어야 했다. 그러다 보니 집에 머무를 시간이 별로 없었다.

낮 시간은 집을 비우고, 밤에는 아이들을 재운 뒤 일을 해야 했기에 기본적인 식사와 빨래 외에 집안일을 할 여유가 없었다. 남편은 항상 어수선한 집안이 불만이었고, 나는 도와주지 않는 남편이 불만이었다. 뒤돌아설 때마다 바닥은 순식간에 장난감으로 어지럽혀져 있었다. 치워도 1시간 뒤면 다시 어질러지는 집안을 감당하기 버거웠고 그렇다고 내가 하는 일들을 포기하고 싶지도 않았다. 집안일을 내 삶에 가장 후순위에 두었으니 살

일을 하고 나니 보이는 것들

귀인은 어디에나 있다

세월이 흐르고 보면, 처음엔 퉁명스럽게 느껴졌던 사람들이 오히려 소중한 인연이 되곤 한다. 재단기 사용을 거절했던 직원처럼 말이다. 당시엔 방해로 보였지만, 결과적으로 더 나은 해결책을 찾게 해 준 사람이 되었다.

정말로 우리에게 도움이 되는 사람은 어떤 모습으로 다가올지 예측할 수 없다. 그러니 사람을 대할 때는 첫인상이나 감정에 치우치지 말고 있는 그대로를 보려고 노력하자.

이는 비단 사업에만 국한되지 않는다. 일상에서도 우리를 불편하게 하는 사람들을 자주 만난다. 그들의 모든 말과 행동이 의미 있는 건 아니지만, 때로는 그 속에서 뜻밖의 깨달음을 얻기도 한다.

누군가의 거친 말에 상처받기보다는, 그 상황에서 얻을 수 있는 것은 없는지 한 번쯤 생각해 보자. 이런 자세로 사람들을 대하다 보면, 어느새 우리 자신이 조금씩 성장하고 있음을 발견할 것이다.

결국, 우리가 만나는 모든 사람들은 우리 삶의 한 부분이 된다. 그들과의 경험을 통해 우리는 더 단단해지고 현명해질 수 있다. 이것이 바로 삶이 우리에게 주는 작은 선물이다.

생산량이 늘었다. 나의 얼굴을 화끈거리게 만들었던 '싸가지 없는' 그녀는 나에게 '귀인'이었다.

용했다. 그렇게 시간이 가장 많이 드는 작업이 해결되는 듯했지만, 너무 자주 와서 재단하는 나를 불편해하는 직원이 있었다. "두꺼운 종이는 여기서 재단하면 안 돼요. 오늘까지만 여기서 하세요!" 정중한 듯 '싸가지 없게' 말했다. 그 말에 일단 돌아서긴 했지만, 다시 수작업으로 돌아가니 시간이 예전보다 더 드는 듯했다. 편하게 일하다가 다시 힘들게 일하려니 짜증과 화가 올라왔다. 어떻게든 그곳을 다시 이용해야 했다. 그 직원이 없는 시간에 다시 가서 재단하려는 순간 "여기서 하면 안 된다고 말씀드렸잖아요~"라는 날카로운 목소리가 내 뒤통수를 향해 비수같이 날아왔다. 얼굴이 화끈 달아올랐다. 얼굴도 제대로 들지 못하고 하드보드지를 챙겨 나가려는 순간, 나에게 연민을 느꼈는지 아니면 다시는 오지 못하게 하려는 의도였는지 "근처에 가시면 재단만 전문으로 해 주는 데 있어요~"라고 한 줄기 빛 같은 말을 던져 주었다.

그 말을 듣고 바로 재단이 가능한 종이 판매점을 찾아갔다. 거기서는 재단도 가능하고 대량 구매 시 가격도 훨씬 저렴하다고 했다. 그렇게 가장 많은 시간과 위험을 동반하던 작업을 한 번에 해결할 수 있게 되었다. 언제나 위기는 기회로 이어졌다. 그녀가 재단기를 계속 사용하게 했더라면 일주일에 몇 번씩 그곳에 들러야만 했을 것이다. 하지만 그녀 덕분에(?) 다른 길을 찾았고, 사이즈에 딱 맞게 재단된 일 년치 재료가 집 앞으로 배달되었다. 그 덕에 나 혼자서도 주문량을 감당할 수 있을 정도로

미친 듯이 팔리다

블로그를 통해 차츰차츰 팔리던 앨범이 네이버 쇼핑몰 입점을 계기로 주문량이 늘기 시작했다. 그렇게 주문이 늘어나니 반가움도 잠시, 핸드메이드 제품이라 작업 시간도 그만큼 늘어났다. 밤에만 하던 작업이 낮 시간까지 이어지면서 결국 혼자서는 감당하기 어려울 지경에 이르렀다. 잠을 줄이고, 아이들과 보내야 할 시간도 줄이면서 일에 매달렸지만, 기존 방식으로는 역부족이었다. 그러나 직원을 쓸 만큼 매출이 있는 건 아니라서 작업 방식에 변화를 줘야만 했다.

　가장 시간을 많이 잡아먹는 일은 두꺼운 하드보드지를 재단하는 것이었다. 처음에는 손수 커터칼로 그 두꺼운 보드지를 잘랐지만, 그러다 보니 손도 다치고 시간도 너무 많이 걸렸다. 그러던 중 수입지를 전문으로 파는 곳에서 종이를 사면 큼직한 재단기를 쓸 수 있다는 사실을 알게 되었다. 그래서 굳이 비싼 수입 하드보드지를 구매하고 내가 원하는 사이즈로 재단해서 사

지나고 나니 보이는 것들

언제나 늦었다

'이미 늦었다'는 생각은 우리를 가로막는 가장 흔한 장애물이다. 네이버 스마트스토어나 아이디어스 같은 새로운 플랫폼이 등장했을 때, 많은 이들이 이미 경쟁자가 많다고 주저했다. 하지만 돌이켜 보면, 그때가 바로 기회였다.

시장은 정적이지 않고 끊임없이 변화한다. 오늘 잘 나가는 상품이 내일에는 인기가 식을 수 있고, 언제든 새로운 틈새 시장이 열릴 수 있다. 중요한 건 주변을 잘 살피고, 상황에 맞게 대응하는 거다.

또, '늦었다'고 생각하는 그 순간이 오히려 가장 좋은 타이밍일 수 있다. 먼저 시작한 사람들의 시행착오를 보고 배울 수 있으니까. 시장이 어느 정도 안정됐을 때 들어가면, 불필요한 위험은 줄이면서도 성장할 기회를 잡을 수 있다.

결국, 진짜 '늦은' 건 시작 시기가 아니라 아예 시작하지 않는 거다. 지금 이 순간에도 어딘가에 새로운 기회가 생기고 있다. 그 기회를 발견하고 한번 시도해 볼 준비가 되었는가? 당신의 아이디어와 열정이 빛을 발할 때가 바로 지금일 수 있다.

도 늦은 것 같지만 네이버를 통해 차곡차곡 쌓은 경험들이 그곳에서도 통할 것이라고 믿어 본다.

버 쇼핑몰 입점은 시너지를 창출했다. 아무도 알아주지 않아도 혼자 애썼던 시간들이 세상 밖으로 빛을 발하기 시작했다. 무엇보다도 입점 초기라 경쟁자가 많이 없었기에 기회를 잡을 수 있었다. 그때는 몰랐다. 초반 시장 선점이 얼마나 큰 강점인지. 앞으로도 수많은 신생 플랫폼들이 나올 것이다. 그 플랫폼이 물거품처럼 사라질지 아니면 새로운 시장의 강자가 될지는 아무도 모른다. 그 시장에 들어갈 수 있으면 먼저 들어가라. 이미 수많은 경쟁자가 자리를 잡아 내가 낄 틈이 없을 거라 생각하지만 먼 미래에서 보았을 땐 그때가 가장 빠른 시기일 수 있다.

의상 디자이너로 일을 했으나 육아 때문에 전업주부로 사는 친구가 있다. 2000년대 초반 온라인 쇼핑몰을 시작하려 했으나 너무 포화 상태인 것 같아서 포기했었다고 한다. 하지만 지금 생각하면 얼마나 아쉬운 선택인가? 최근 나는 핸드메이드 전문 쇼핑몰인 아이디어스와 카카오 쇼핑에 입점을 했다. 경쟁자들이 그곳을 가득 채우고 있어 막상 들어가려니 쓸데없는 짓을 하는 건 아닌지 걱정과 두려움이 앞섰다. 특히, 아이디어스는 오픈 초기 유행에 민감한 친구가 핫한 쇼핑몰이라고 입점을 추천했으나 수수료가 너무 비싸서 포기했었다. 그리고 그때는 네이버에서 워낙 잘 팔고 있었기에 굳이 그렇게 비싼 수수료를 내고 그곳에 입점할 이유가 없었다. 지금 생각하면 얼마나 어리석은 생각이었는지 모른다. 우리 제품과 잘 맞는 쇼핑몰에서 작게나마 뿌리를 내렸어야 함을 시간이 지나 알게 되었다. 입점 시기가 너무

네이버 입성, 새로운 시작

제품의 주문량이 늘면서, 블로그에서만 판매하는 것이 아니라 조금 더 큰 온라인 대형 쇼핑몰에 입점하고자 여러 곳을 알아보았다. 하지만 하나같이 10퍼센트에서 20퍼센트 사이의 판매 수수료가 있었다. 소비자에게 부담을 주고 싶지 않아 가격을 올릴 수도 없었고, 수수료를 내고 팔기에는 너무 낮은 마진이었다.

이러지도 저러지도 못하고 막막한 생각에 잠겨 있을 때였다. 네이버에서 새로운 쇼핑몰을 열었다는 소식이 들려왔다. 그곳의 수수료는 불과 5퍼센트 미만이었다. 신청서를 내고 금세 입점했다. 나는 한 번도 대형 쇼핑몰에서 판매한 적이 없었지만, 블로그와 비슷한 형식으로 쉽게 제품을 소개하고 판매를 시작할 수 있었다. 이튿날, 마치 나를 기다리고 있었던 것처럼 주문이 들어와 있었다. 가게 문을 열자마자 손님이 들어오는 것 같았다. 네이버 쇼핑몰의 결제 시스템이 편리해 구매 전환율이 높았다.

그동안 블로그를 통해 조금씩 소문이 쌓이고 있었기에 네이

기회로 느껴질 수 있을 것이다. 물론 문제 자체가 반갑지는 않겠지만, 그것을 해결해 나가는 과정에서 얻게 될 경험과 지혜는 분명 가치 있을 것이다.

지나고 나니 보이는 것들

문제와 친구가 돼라

사업을 하다 보면 예상치 못한 일들이 계속 일어난다. 택배 문제처럼 말이다. 처음엔 이런 일들이 너무 커 보여서 어떻게 해야 할지 몰랐다. 하지만 하나씩 해결해 나가다 보니, 문제들이 오히려 나를 단단하게 만들어 주고 있었다.

문제가 생기면 피하고 싶은 게 사람 심리다. 하지만 사장이 되려고 마음먹었다면, 문제와 친구가 되어야 한다. 택배사 하나가 안 된다고 포기했다면? 아마 지금쯤 문을 닫았을지도 모른다. 대신 이곳저곳 수소문하고, 직접 우체국도 찾아가고, 새로 온 택배 기사님과 대화를 나눴다. 그러다 보니 길이 보이기 시작했다.

문제를 무서워하지 말자는 게 곧 무작정 덤비라는 얘기는 아니다. 때론 돌아가는 길이 빠를 수도 있고, 때론 도움을 요청하는 게 정답일 수도 있다. H 택배 기사님과 좋은 관계를 유지한 게 결국 큰 도움이 된 것처럼 말이다.

결국, 사업의 성패는 문제를 어떻게 다루느냐에 달렸다. 문제는 사업가의 숙명이다. 다음에 또 문제가 생기면 이렇게 생각해 보자. "이번엔 또 뭘 배우게 될까?" 그러면 문제가 덜 부담스럽고, 오히려 성장의 모든 수고로움을 감내할 만한 가치가 있다고 느꼈다. 하지만 시골에서 쇼핑몰을 운영하는 것은 또 다른 도전이었다. 가장 큰 문제는 택배였다. 도시의 아파트에서는 택배가 일상이라 물량이 많지 않아도 사업자라고 얘기하면 저렴한 가격에 직접 수거까지 해 주었다. 시골도 그런 줄 알았다. 하지만 시골은 워낙 집들이 띄엄띄엄 있고, 기사님이 배달해야 하는 지역이 매우 넓었다. 초보 쇼핑몰 사장의 적은 택배를 가지러 우리 집까지 들리는 건 번거로운 일이었다. 어쩌면 기름값이 더 나올 수도 있었던 것이다. 여러 번의 거절을 겪은 끝에 결국은 멀리 있는 우체국 택배를 이용해야 했고 매번 차를 끌고 우체국까지 가서 택배를 보냈다.

그러다 H 택배 기사님이 새로 바뀌었고, 오실 때마다 음료수도 드리며 안면을 텄다. 기회를 봐서 상황을 말했더니 흔쾌히 수락해 주셨다. 물론, 비용이 싸지는 않았지만 수거를 하러 오는 것만으로도 너무도 큰 도움이 되었다. 오랫동안 그분과 인연을 이어갔다. 물량이 늘고 다른 택배 업체에서 더 싸게 해 주겠다고 제안이 왔었지만 모두 거절하고 그분과 함께했다. 내가 기사님께 전할 수 있었던 유일한 감사 인사였다.

택배와의 한판 승부

시골살이가 주는 평온함에는 그만한 대가가 따른다. 아름다운 자연을 벗 삼고 사는 것이 마냥 이상적이기만 한 것은 아니다. 봄이 오면 잡초는 온 마당을 장악하려 드는 적들처럼 무섭게 자라난다. 장마철이면 마당 곳곳에 물길을 내어야 한다. 까딱하면 보일러실이 순식간에 물바다가 된다. 가을이면 낙엽이 좁은 마당을 춤추듯 휘젓고 다녀서 싸리비로 쓱쓱 쓸어줘야 한다. 잎이 다 떨어지고 겨울이 오면 몸이 편해질까 싶지만 전혀 그렇지 않다. 가장 큰 어려움은 겨울에 찾아온다. 밤사이 조용히 내린 눈이 마당을 하얗게 덮는다. 새벽녘 옆집 할아버지의 눈 치우는 소리가 날카롭게 들려온다. 시어머니의 밥 짓는 소리처럼 불편한 마음에 벌떡 일어나 겨울 아침의 찬 공기를 맞으며 눈을 쓸어내곤 한다.

이 모든 일이 귀찮을 때도 많지만, 그래도 내 마당에서 피어나는 작은 꽃 한 송이, 푸르른 나무 한 그루가 주는 평안함에 이

지나고 나니 보이는 것들

두려움 뒤엔 언제나 새로운 세상이 있다

새로운 길을 가려 했을 때, 언제나 두려움이 나를 가로막았다. 그 두려움의 정체는 실체가 없는 허상임에도 불구하고 어찌나 강력하게 나를 끌어당기는지 한 발짝 걸음을 떼기도 힘들었다. 특히 주변에서 여러 가지 의견들을 한 스푼씩 보태어 내가 그 길을 선뜻 가지 못하게 막는 경우가 많았다. 하지만 그들이 보탠 **한 스푼의 두려움은 그들 본인의 두려움**이라는 걸 알아야 한다. 사업으로 성공한 사람들은 누군가 사업을 시작한다고 했을 때 해 보라고 적극적으로 응원한다. 그 과정이 힘들 걸 알고 있지만 그것이 얼마나 의미 있는 경험인지도 알기에 부딪혀 보라고 응원한다. 두려워도 가 봐라. 그 길 끝에 또 다른 길이 언제나 있다.

속에 갇혀 있던 면허를 다시 꺼내야 했다. 워낙 겁이 많고 소심한 나인지라 운전은 새로운 도전이었다. 차가 많지 않아 운전은 쉬웠으나 문제는 도로가 아니라 골목길이었다. 특히 마을 골목길은 폭이 좁아 한번 빠져나가려면 수십 번 차를 왔다 갔다 해야 했다. 후진하다 벽에 구멍을 내 담장 전체를 새로 세워 주기도 했고, 꺾어진 골목길에서 좌회전하다가 차 오른 면이 완전히 찌그러지기도 했다. 그렇게 몇 번의 사고 끝에 겨우 집에서 어린이집까지 자유롭게 다닐 수 있게 되었다. 6개월 동안 셔틀버스처럼 집과 유치원만 다녔다.

유치원에 아이들을 데려다준 어느 날, 무슨 용기가 났는지 강 건너 읍내로 장을 보러 가기로 했다. 매일 가던 길이 아닌 새로운 길로 천천히 액셀을 밟았다. 차는 부드럽게 나아갔다. 항상 넘고 싶었으나 한 번도 혼자 넘지 못한 양수대교를 마주했다. 양수대교는 남한강과 북한강의 두 물줄기가 한강으로 이어지는 아름다운 장소에 놓여 있었다. 지금은 새롭게 지어졌지만 그때까지만 해도 오래되어 낡은 양수대교는 위태롭기 그지없었다. 불안한 생각을 뒤로하고 다리에 올라탔다. 그 순간 나를 가로막고 있던 두꺼운 투명 벽을 뚫고 다른 세계로 넘어가는 자유로움을 느꼈다. 나는 어디로든 갈 수 있었다. 그곳을 가지 못하게 한 것은 주변인도, 환경도, 운명도 아니었다. 오직 나만이 나를 막고 있었다. 이젠 어디든 갈 수 있는 베테랑 운전사가 되었다. 내 삶도, 내 운명도 말이다.

장롱면허를 꺼내다

우여곡절 끝에 시작된 시골 생활은 생각했던 것 이상으로 즐거웠다. 누구나 한 번쯤 상상했을 만한 전원주택에 대한 로망을 하나씩 실현해 갔다. 마당에서 삼겹살 구워 먹기, 텃밭 가꾸기, 강아지 키우기, 수돗가에서 마음껏 물놀이하기 등 아파트에서는 꿈도 꾸지 못할 많은 일들이 이뤄졌다.

하지만 이 만족스러운 시골 생활에 '옥에 티'가 하나 있었다. 그것은 대중교통이었다. 40분 간격으로 다니는 버스는 삶에 가장 큰 걸림돌이었다. 운전면허는 있었지만 차를 몰지는 않았다. 서울에는 차가 많아 운전할 엄두를 내지 못했다. 편리한 대중교통 덕분에 위험을 무릅쓰고 초보운전 딱지를 뗄 필요도 없었다.

마을은 병원, 마트, 빵집 등 생활 기반 시설이 부족했다. 대신 강을 건너면 바로 읍내가 있었다. 하지만 버스를 기다렸다 장을 보고 돌아오려면 반나절을 소비해야 했다. 더욱이 아이가 갑자기 아플 때 병원이라도 가려면 반드시 운전을 해야 했다. 장롱

완벽을 추구하느라 시작도 못하는 것보단, 불완전하더라도 시작하고 조금씩 개선해 나가는 게 낫다. 당신의 상황에 맞게, 당신의 방식대로 시작하라. 그리고 한 걸음씩 나아가라. 그렇게 완벽주의의 함정에서 벗어나면, 당신이 원하는 미래에 조금 더 가까워질 것이다.

지나고 나니 보이는 것들

완벽주의의 함정,
시작하지 못하는 당신에게

많은 사람들이 '완벽하게 준비해야 한다'는 생각에 사로잡혀 아무것도 시작하지 못한다. 나도 그럴 뻔했다. 완벽히 갖추겠다며 처음부터 홈페이지를 개설하려 했다면, 아마 주저하는 시간이 더 길어졌을 것이다.

대신 난 할 수 있는 것부터 시작했다. 처음엔 그저 블로그에 글을 올리고 댓글로 주문을 받았다. 그다음엔 블로그에 간단한 결제 시스템을 붙였다. 육아를 하면서 내가 할 수 있는 만큼만 천천히 나아갔다. 그러다 좋은 기회가 와서 네이버 스마트스토어에 입점까지 하게 됐다.

완벽하진 않았지만, 이 작은 행동들이 변화의 시작점이 되었다. 계획보다는 실행이, 준비보다는 시도가 더 중요했다. 실행하면서 배우고, 적용하면서 발전했다.

사업은 각자의 상황과 성향에 맞는 방식을 찾는 게 중요하다. 어떤 이는 처음부터 큰 규모로 시작할 수 있겠지만, 육아와 병행해야 하는 나 같은 경우는 작은 것부터 차근차근 해 나가는 게 더 현실적이었다.

당신의 방식이 남과 다르다고 잘못된 게 아니다. 오히려 그 독특함이 강점이 될 수 있다.

되었다. 링크 하나로 간단히 설치를 마치자, 다음 날 기적처럼 누군가 주문을 한 것이다. 전혀 알지도 못하는 사람이 별다른 문의도 없이 앨범을 주문했다는 사실이 너무도 신기했다. 주문서가 자동으로 생성되고, 고객의 결제가 바로 확인되는 시스템 덕분에 이제야 비로소 온라인 쇼핑몰 같다는 느낌을 받았다.

나중에 알게 된 것이지만 이 시스템은 초장기 버전이라 문제가 많았다. 구매를 하려면 지금처럼 로그인 하나로 되지 않았다. 회원 가입은 기본이고 별도의 인증 프로그램까지 깔아야 했다. 잦은 오류로 처음부터 다시 반복해야 하는 경우가 다반사였다. 많은 고객들이 그 모든 복잡한 과정을 참아가며 앨범을 구매한 것이다. 새삼 감사함을 느꼈다. 이후 나는 더 이상 일일이 문자를 주고받거나 통화를 하지 않아도 되는 신세계로 진입했다. 불완전한 시스템 하나를 달았을 뿐인데 나의 일은 반으로 줄었다. 수시로 문자나 댓글로 고객 문의에 답변하던 고단한 나날이 조금씩 사라지고 있었다.

결제 시스템 도입

블로그를 통해 판매했던 앨범들이 조금씩 소문을 타기 시작했다. 하지만 별도 구매 페이지가 없었기에 댓글로 불편한 소통을 이어갔다. '이거 주문했는데, 얼마나 걸릴까요?' '주소가 바꼈어요! 혹시 다른 주소로 변경 가능한가요?' '택배가 도착 안 했는데 어떻게 된 걸까요?' '주문 방법은 어떻게 되나요?' 등 정말 다양한 문의가 들어왔다.

고객의 문의 시간은 나의 편의를 봐주지 않았다. 잠든 새벽, 아이들 등원을 위해 전쟁을 치르고 있는 아침, 하원 후 아이들과 놀아주는 시간, 투닥이는 아이들 싸움을 말리는 순간까지 상황과 시간에 상관없이 문의가 들어왔다. 제때 답변하지 못해 구매로 이어지지 않는 경우가 잦았다. 고객과 일일이 문자 주고받기는 물론, 고객이 요청한 추가 정보를 찾아 헤매기도 했다. 이 모든 과정에서 불필요한 시간이 너무 많이 소요되었다.

그러다 블로그에 결제 시스템을 붙일 수 있다는 것을 알게

지나고 나니 보이는 것들

불행의 가면 속 기회의 얼굴

지금 우리 앞에 벌어진 일들이 행운인지 불행인지 단번에 판단하기는 어렵다. 때로는 불행해 보이는 상황이 실제로는 큰 기회일 수 있으며, 처음에는 고통스럽고 힘들어 보이는 일들이 나중에 돌이켜 보면 인생의 전환점이 되는 경우가 많다.

어려운 상황에 직면했을 때 중요한 것은 그것을 단순히 '불행'으로만 받아들이지 않는 것이다. 그 속에 숨어 있을지 모르는 기회를 찾으려는 자세가 필요하다. 결국, 우리에게 주어진 상황을 어떻게 바라보고 대처하느냐에 따라 그것이 불행이 될 수도, 기회가 될 수도 있다.

불행의 가면을 벗기고 그 속에 숨어 있는 기회의 얼굴을 발견하는 능력을 키운다면, 우리는 어떤 상황에서도 새로운 가능성을 찾아낼 수 있다. 이러한 시각은 우리 삶을 더욱 풍요롭게 만들어 줄 것이다.

만들어 내고 있었다. 남편과 눈이 마주쳤다. 우리가 찾던 그곳이었다.

따뜻한 풍경의 마을, 아이들과 살고 싶은 곳이었다. 그렇게 한눈에 우리를 사로잡은 마을은 앞에 강이 있고 뒤에 산이 있었다. 옆에는 초등학교와 공립어린이집 도서관까지 있었다. 우리가 원하던 모든 것을 가진 곳이었다.

근처 부동산에 들러 매물로 나와 있는 마당 있는 작은 집을 바로 계약했다. 그 집을 보는 순간 이 집이다 하는 생각이 들었고 운명처럼 우리가 가지고 있는 예산과 딱 들어맞았다. 그렇게 우리는 그 마을과 새로운 인연의 끈을 맺기로 결정했다.

만약 유치원에 떨어지지 않았다면, 7년이란 아름다운 시골 생활이 통째로 사라졌을 것이다. 아이들은 자연에서 마음껏 뛰어놀았고, 작은 집을 새로 리모델링해서 우리만의 집도 짓고, 별도의 작업실을 만들어야 할 정도로 사업 규모도 커졌다.

모든 추첨에서 떨어진 나의 '똥손'은 지금 생각해 보니 '황금손'이었다. 인생은 언제나 내가 생각하지 못하는 방향으로 바뀔 수 있으며, 그 기회를 만드는 것은 하늘의 뜻일 수도, 어쩌면 나의 또 다른 선택일 수도 있다.

상상하던 정겨움이 묻어나는 마당 있는 시골집이 아니었다.

그렇게 주말마다 집을 찾기 위해 양평을 방문했지만 마음에 드는 곳을 찾기란 쉽지 않았다. 처음에 가졌던 부푼 희망은 바람이 빠져 쪼그라들기 시작했다. 그렇게 몇 주 드나들자 현실의 벽이 눈앞에 보이기 시작했다. 종로가 직장인 남편에게 양평에서의 출퇴근은 쉽지 않은 일이었다. 그리고 시골집은 의외로 전세 매물이 없어서 마음에 드는 집을 찾기가 어려웠다.

희망의 바람도 빠지고 현실의 벽도 느껴질 때쯤 남편이 마지막으로 남들 잘 아는 곳 말고, 지도를 보고 괜찮은 지역을 선택해 보자고 했다. 동서남북도 헷갈리는 지도 까막눈인 나에게 그 제안은 별로 달갑지 않았다. 남들이 좋다는 데는 이유가 있을 거라는 막연한 군중심리에 의지해 살아온 나로서는 지도만 보고 선택한다는 것을 이해할 수 없었다. 하지만 대안이 없기에 우선 남편이 선택한 곳으로 가보기로 했다.

남편이 선택한 지역은 상수도 보호구역으로 묶여 개발이 제한되어 있는 마을이었다. 마을로 가는 길에 비닐하우스가 도로 양옆을 채우고 있고, 과연 이런 곳에 마을이 있을까라는 의구심이 들 때쯤, 마을을 있다는 것을 알리는 부동산 하나가 우리를 반겼다.

아직 겨울의 찬바람이 남아 있는 2월의 어느 주말 오후, 따뜻한 햇살이 온 마을에 내리쬐고 있었다. 오래된 집들은 서로 등을 맞대고 낮은 담장의 어깨를 나란히 하여 구불거리는 골목을 유치원이 그렇게 많은데 우리 아이가 갈 유치원이 없었다. 나머지 일반 유치원들도 벌써 다 마감되어 더 이상 갈 곳이 없었다. 유일하게 갈 수 있는 곳은 동네에서 가장 인기가 없어, 언제나 입학할 수 있는 게 유일한 장점인 F 유치원뿐이었다. 그렇게 재래시장 안, 2층 상가에 있는 허름한 유치원에 다니게 되었다.

없는 사교성을 끌어다 커피와 빵을 조공하며 얻은 '좋은 유치원'에 대한 정보는 모두 물거품이 되었다. 유치원 버스조차 운영되지 않으며, 다니던 어린이집보다 규모가 작은, 너무도 가족적인 유치원이 우리에게 남은 유일한 '좋은 유치원'이었다.

그러던 어느 날 방송에서 경기도 시골 혁신 초등학교에 대한 다큐멘터리가 방영되었다. 경쟁에서 벗어나 자연에서 친구들과 자유롭게 뛰고 즐기는 모습을 보자 그곳에 온 마음을 뺏기게 되었다.

아직 어린 아이들이 맘껏 뛰어놀 수 있는 마당 있는 집에서 살면 어떨까 하고 남편과 상의했다. 지인 가족이 양평에 살고 있으니 한번 가보자고 해서 주말에 시간을 내어 방문했다. 산으로 둘러싸인 언덕 위에 그림 같은 전원주택 마당에서 삼겹살을 구워 먹었다. 거기에 소주 한잔까지 더하자 그곳이 천국이었다. 우리는 곧장 출퇴근이 가능한 양평 근처 집을 알아보기로 했다. 초등학교 입학 전까지 딱 2년 정도 살다 올 예정이었다. 살고 있는 아파트 전세금으로 양평 전원주택 전세를 찾아보았다. 그 예산으로 가능한 집은 산을 깎아 만든 언덕 위 주택뿐이었다. 우리가

하게 구비되어 있는 C 유치원, 3년 동안 300곳 이상의 체험 학습을 한다는 D 유치원, 단독 놀이터, 강당과 수영장까지 보유한 E 유치원에 원서를 접수했다.

각각 다른 날짜에 맞춰 A, B, C, D, E 유치원에 방문했다. 정시에 갔음에도 불구하고 많은 엄마들이 먼저 와 있었다. 친한 엄마들은 벌써 삼삼오오 모여 분위기를 주도하고 있고 나처럼 사교적이지 못한 엄마들은 까끌까끌한 모래처럼 그곳에서 얼른 벗어나길 바라는 눈치였다.

앞쪽에는 투명한 추첨 박스가 놓여 있다. 그 안에는 합격과 불합격을 가르는 오렌지색 공들이 선택을 기다리고 있다. 아이 이름이 호명된 엄마는 긴장된 마음으로 사람들 사이를 걸어간다. 박스에 손을 넣고 공을 하나 잡는다. 혹시나 하는 마음에 얼른 다른 공으로 바꾸는 사람도 있다. 그리고 공을 꺼낸다. 공을 확인하는 순간, 누군가는 'O' 누군가는 'X'라는 단어를 마주한다. 찰나의 순간 짧은 환호와 깊은 탄식이 교차한다. 'O'를 확인하면 알 수 없는 우월감과 기쁨에 사로잡히게 된다. 한 번, 두 번, 세 번, 네 번 그리고 마지막까지 나는 단 한 번도 그 찰나의 우월감에 사로잡히지 못했다.

마지막 유치원까지 모두 떨어지고, 남편에게 이 상황을 전달하니 '똥손'이라고 놀렸다. 앞으로 우리 집안에 있을 중요한 추첨에서 나는 영원히 배제하는 걸로 마무리되었다.

그렇게 남들 다 가는 유치원을 가지 못하게 되었다. 세상에

불행의 여신이 가져다준 행운

첫째 아이가 다섯 살이 되어 어린이집에서 유치원으로 옮겨야 했다. 지금 생각하면 의미 없는 일이지만 그때 당시는 좋은 유치원을 보내는 것이 능력 있는 엄마의 역할 같았다. 하지만 '좋은 유치원'이라는 개념은 엉성하기 짝이 없었다. 남들이 보내고 싶어 하는 '유명 유치원'일 뿐이었다.

사교성이 없는 데다 일하는 데 정신이 팔려 엄마들과의 수다 타임을 자주 갖지 못했다. 덕분에(?) 남들이 어디를 보내고 싶어 하는지에 대한 정보도 없었다. 다행히 여름 내내 온 동네 매미를 잡으러 다니며 친해진 '아들만 둘'인 엄마에게 정보를 얻을 수 있었다. 아들 가진 덕을 본 처음이자 마지막 날이 아닐까 한다. 그렇게 다섯 곳의 유치원을 선정했다.

어린이집 원장님과 주변 지인들이 가장 선호하는 종교단체에서 운영하는 A 유치원, 야외 놀이터가 너무 잘 되어 있어 활동적인 아이들한테 잘 맞는다는 B 유치원, 방과 후 시스템이 다양

지나고 나니 보이는 것들

"나는 일을 하고 있어요"

이나모리 가즈오의 유명한 책『왜 일하는가』에서는 일의 최종 목표를 나 자신을 성숙시키는 과정이라 말한다. 역경에 필연적으로 동반되는 끈기와 교훈 등을 통해 인간은 더 성장할 수 있다고 한다. 사업은 나에게 그랬다. 사업을 시작하면서 내가 얻은 가장 큰 교훈은 바로 **끈기와 자기 성찰**이었다. 남편과 주변의 우려에도 불구하고, 나는 스스로의 선택을 믿고 나아갔다. 이러한 과정은 나에게 엄청난 성장을 가져다주었다. 나의 일이 단순한 생계 수단을 넘어 나를 성숙시키는 길임을 깨달았다.

"나는 일을 하고 있어요"라고 말한 순간, 나는 비로소 스스로의 가치를 인식하게 되었다. 일을 한다는 것은 단순히 돈을 벌기 위한 것이 아니었다. 일을 통해 나 자신을 발견하고, 성장하며, 새로운 가치를 창출해 나가는 과정이었다. 그 과정을 통해 나는 나 자신을 사랑하는 법을 배웠고, 아이들에게도 그 모습을 보여줄 수 있었다. 일을 통해 성숙해진 내가 아이들에게도 더 좋은 엄마가 될 수 있음을 깨달았다.

옷차림은 사라지고 꽤 괜찮은 마음의 정장이 입혀졌다. 쇼핑몰을 시작하고 어디에서도 한 번도 일하고 있다고 말한 적이 없었다. 걱정스러운 눈빛으로 매일 앨범을 쳐다보는 남편과 이 모든 사실을 알 리 없는 지인들, 그리고 일이 생각처럼 풀리지 않아 고군분투하는 나에게 조차 나는 지금 일하고 있는 사람이 아니었다. 일을 한다는 것은 돈을 번다는 것인데 나는 오히려 가정에 손해 나는 짓을 하는 사람이었다. 초라한 옷차림처럼 초라한 마음으로 내 일을 대하고 있었던 것이다.

그날 나는 처음으로 "나는 일을 하고 있어요"라고 누군가에게 말을 했다. 그리고 나 역시도 내가 일을 하고 있는 사람이라는 것을 처음으로 자각한 순간이었다.

따뜻한 햇살이 내리쬐는 거실에서 차 한잔 마시며 일상에 소소함을 풀어내기 시작했다. 요즘 보내는 학원, 남편 이야기, 시댁 흉까지 줄줄이 사탕으로 끊임없이 이어졌다. 그 상황을 주도하는 쾌활한 집주인은 조심스레 나의 호구조사를 시작했다. 사실 조사라고 할 것도 없다. 그녀들은 모두 예상하고 있었다. 그 시간, 그 공간에 있는 사람은 전업맘일 거라고. 전업맘이 아니고서는 출근 시간과 겹치는 등원 시간에 그렇게 늘어진 티셔츠에 무릎 나온 운동복을 입고 아이를 매일 등원시키지 않을 것이다. 더구나 등에는 돌도 안 된 어린 아기가 발을 동동 거리며 매달려 있으니 어느 누가 나를 일하는 사람이라 예상했겠는가? 그녀의 호구조사에는 내가 일을 하고 있을 거란 가정은 1도 없었다. 나 역시 자신 있게 "일하고 있어요!"라고 말하고 싶었지만 방 한구석을 가득 채운 팔리지 않는 앨범이 입을 틀어막았다.

그 순간 전화가 왔다. 주문 문의 전화였다. 얼른 일어나 대화에 방해가 되지 않게 거실 구석으로 가서 간단히 제품과 주문 방식에 대해 설명했다. 1분도 안 되는 짧은 순간이었다. 하지만 통화하는 동안 잠시 침묵이 흘렀고 그곳에 있던 엄마들이 통화 내용을 고스란히 듣게 되었다. 전화를 끊고 다시 테이블로 돌아가자 쾌활한 그녀가 나에게 "자기 무슨 일해?"라고 호기심에 가득 찬 얼굴로 물었다.

나는 쑥스러웠지만 "집에서 작은 쇼핑몰 하나 하고 있어요" 하고 말했다. 그런데 이상하게 그 말을 하는 순간 나의 초라한

일하는 여자로 살다

큰아이를 어린이집에 데려다주며 매일 마주치는 엄마들과 간단한 눈인사를 했다. 대충 입은 운동복 차림에 감지 않은 머리를 감추기 위해 급하게 쓴 벙거지, 등에 업힌 둘째는 금방 집으로 돌아가야 할 것만 같은 모양새였다. 평소 어느 누구도 나에게 쉽게 말을 걸지 않았다.

그날도 급히 집으로 가려는데 "우리 집에서 차 한잔하고 가요" 하고 초대를 받았다. 어떨결에 초대 손님으로서 걸맞지 않은 차림새로 둘째 아이를 업고 그 집에 들어갔다. 우리 집과 다를 것 없이 흐트러진 장난감과 동화책 들, 식탁 위에는 아직 정리되지 않은 아침 식사의 흔적이 남아 있었다. 그 자유분방한 풍경이 낯선 집에 방문한 어색함과 긴장감을 한순간에 풀어 주었다. 시간이 지나자 아이를 어린이집에 맡긴 동네 엄마들이 자연스럽게 그 집에 모여들기 시작했다. 알고 보니 그 집은 동네 사랑방이었다.

성장의 시간들

지나고 나니 보이는 것들

어둠이 빚어낸 내면의 힘

10년 이상 회사 생활을 하면서도 진정 앞날을 향해 걸어가고 있다는 생각은 들지 않았다. 출근은 싫었지만 사무실의 따뜻한 자리가 위안이 되었다. 그곳에서는 내가 일을 잘하든 못하든 안정적인 월급이 보장되었다. 그 회사가 아니면 다른 곳으로 옮기면 그만이었다. 직장인의 삶은 찬란한 미래를 약속하진 않아도, 암담한 미래로부터도 나를 지켜 주었다.

하지만 사업을 시작한 날부터 미래는 한층 더 불확실해졌다. 빛나는 미래와 암울한 미래가 교차하며, 대부분의 시간을 **암울한 미래** 속에서 보냈다. 그 어두운 시간을 견딜 수 있는 힘, 그것이 바로 사업을 하면서 얻은 가장 큰 지혜일 것이다.

한 치 앞도 보이지 않는 어둠 속을 걸어가며 언젠가 빛을 볼 수 있다는 믿음. 그 믿음이 현실이 되는 경험을 반복하며, 마침내 어떠한 어둠 속에서도 희망을 가질 수 있게 되었다.

로 정리할 틈도 없이 위험한 도구들만 얼른 치우고 곤히 잠든 아이들 옆에 누웠다. 방금 전 눈을 붙인 것 같은데, 어느새 아침이었다. 피곤함을 느낄 새도 없이 아이들 등원 준비로 마음과 손길이 바빴다. 누군가 시켜서 한 야근이었다면 이렇게 평온한 마음으로 아침을 맞이할 수 있었을까? 스스로 선택한 일이었기에 모든 피로를 기꺼이 감당할 수 있었다.

　주문이 하나에서 둘로 늘었다는 사실은 마치 새벽을 밝히는 서광 같았다. 시간당 비용으로 따지면 터무니없는 일이지만, 그 시간들은 돈으로 환산할 수 없었다. 그동안의 나의 노력에 대한 누군가의 인정이었다. 물론, 이 방식대로라면 방 하나를 가득 채운 앨범을 모두 판매하는 데 10년이 걸릴지도 모른다. 그러나 처음엔 하나도 팔리지 않던 앨범이 조금씩 반응을 보이기 시작하자 하면 될 것 같다는 깨알 같은 용기가 싹텄다. 지나고 보면 그 시간들을 어떻게 버텼을까 싶다. 돈 때문은 아니었다. 희망 때문이었다. 그 희망에 지친 몸과 마음을 기대어 다음 날을 맞이할 수 있었다.

　새벽에 아이가 깨면 잠시 재우고는 다시 일어나 일을 마무리하곤 했다. 몸이 녹을 듯 고단하긴 했지만, 다음 날 완성된 앨범을 보며 느끼는 충만함은 나에게 이 일이 얼마나 큰 의미인지를 말해 주었다. 나는 그 앨범들은 고객을 위해서가 아니라, 나를 위해, 내 꿈을 위해 만들었다. 그래서 새벽까지 뜬눈으로 고군분투할 수 있었다.

성장의 시간들

밤에만 일하는 여자

앨범 하나를 완성하는 데 꼬박 네 시간이 걸렸다. 시간당 비용으로 계산하면 팔지 않는 편이 낫지만, 주문이 들어온 것만으로도 고마웠다.

낮에는 아이들을 돌봐야 했기에 날카로운 칼이나 가위, 송곳, 접착제를 비롯한 도구를 작업대에 세팅해 놓을 수 없었다. 그래서 아이들이 곤히 잠든 깊은 밤이 되어서야 조용히 작업대를 꾸미고 주문 받은 앨범을 만들기 시작했다. 하나를 완성하고 나면 어느덧 새벽 두세 시. 잠잘 시간은 이미 놓쳐 이불 속에서 한참을 뒤척이다 겨우 잠이 들곤 했다.

한번은 처음으로 두 개의 주문이 들어왔다. 하나를 만드는 데 4시간이 걸리는데, 두 개를 만들어야 한다고 생각하니 오늘 밤 잠자기는 글렀다는 생각이 들었다. 그래도 다행히 예상외로 6시간밖에 걸리지 않았다. 밤 10시에 작업을 시작해서 새벽 4시에 마쳤다. 앨범 두 개를 만들고 나니 온몸에 힘이 빠졌다. 제대

$\boxed{\text{지나고 나니 보이는 것들}}$

무모함이 만든 기회

만약, 초기에 대량으로 앨범을 제작하지 않고 기성품을 소량으로 구매해서 판매했다면 난 이 지점에서 포기했을 것이다. 무리하여 제작해 놓은 앨범이 방 하나를 가득 채우고 있었기에 나는 감히 포기할 생각조차 하지 못했던 것 같다. 지금 와서 생각해 보면 그것이 나의 배수진이 되었다.

초기에 사업을 시작하면 예상치 못한 비용이 너무 많이 들어서 수지타산이 맞지 않는 경우가 대부분이다. 이럴 때 사업가적 기질이 있는 사람은 초기에 남지 않더라도 미래를 위한 투자라고 생각한다. 하지만 나처럼 적은 비용과 작은 배포를 가지고 창업을 하면 그것을 투자로 생각하기 쉽지 않다.

돈을 벌기 위해 일을 하지만 진짜 돈만 생각하면 사장이 될 수 없다. 이러한 시기를 견디고 넘기는 이에게만 다음의 기회가 주어진다.

그렇게 나는 너무도 비싼 택배비를 지불했다. 돌아오면서 블로그에 큼지막하게 써 놓은 '무료 배송' 문구를 당장 지워야겠다고 생각했다. 앨범을 만드는 것도 중요하지만 포장해서 배송하는 것까지 포함하면 배보다 배꼽이 큰 상황이 될 수 있음을 그제야 눈치챘다.

냉정히 보자면 곧 망할 사업을 하고 있었다. 아니 벌써 망했다고 하는 것이 맞을 것이다. 이렇게 팔다가는 적자를 면치 못할 것이었다. 가격이 문제가 아니라 하나 만드는 데 4시간이 걸리는 물건을 이 가격에 판다는 것은 말이 되지 않았다. 하지만 적자를 생각할 여유도 없었다. 팔 수만 있다면 뭐라도 할 수 있을 것 같았다.

어쩌면 나의 무모함이 그 시간을 버티게 하는 유일한 힘이었다.

한 비닐이 너무 작아서 앨범이 들어가지 않았다. 앨범의 두께까지 고려하지 못한 나의 실수였다. 다시 주문할 시간 여유가 없기에 둘째를 업고 방산시장으로 달려갔다. 간 김에 부피가 커서 택배비가 많이 나오는 내 키만 한 뽁뽁이까지 사서 지하철을 타고 돌아왔다.

그렇게 앨범 하나를 보내기 위해서 대량의 비닐, 엄청난 부피의 뽁뽁이, 택배 박스까지 구매했다. 물건 하나 팔기 위해 구매한 포장 관련 재료가 방 천장에 닿을 만큼 쌓였다. 앨범만으로도 터지기 일보 직전이던 작디작은 방은 발 디딜 틈도 없었다.

문제는 그것만이 아니었다. 택배를 보내려고 우체국에 들렀는데 보통 내가 구매하던 온라인 쇼핑몰의 배송비를 훨씬 넘는 비용이 나왔다. 택배 담당자에게 "온라인 쇼핑몰을 하는데 계약택배는 어떻게 신청해야 돼요?" 하고 호기롭게 물었다. 담당자는 수량에 따라 가격이 달라진다고 했다. 그녀는 눈도 마주치지 않고 건조한 목소리로 "한 달에 물량이 얼마나 되세요?"라고 물었다. 순간 당황했고 얼굴이 달아올랐다. 오히려 나를 쳐다보지 않고 자기 일만 하면서 건조하게 묻는 그녀가 고마울 정도였다. 기어들어가는 목소리로 "아직은 시작한 지 얼마 되지 않아서 얼마나 나갈지는 잘 모르겠는데요…"라고 대답했다. 그녀는 "계약택배는 최소 수량이 백 개 이상은 돼야 가능해요" 하고 AI 상담원처럼 대답했다. 그리고 나를 슬쩍 올려보았다. 무심한 그녀의 눈빛에서 연민을 느낀 건 나만의 착각이었을까?

첫 주문의 기적

블로그 댓글로 문의가 조금씩 달리더니 드디어 첫 주문이 들어왔다. "입금했습니다. 잘 부탁드려요!" 나는 그 순간을 잊을 수 없다. 그날 밤 내가 가진 정성을 모두 쏟아 앨범 하나를 만들었다. 앨범은 반짝반짝 빛나고 있었다. 이제 보내기만 하면 된다.

하지만 앨범을 보내려면 포장을 해야 했다. 소량의 택배 박스는 구입해 놨지만 포장을 위해서는 어떻게 해야 되는지 구체적으로 생각해 본 적이 없었다. 평소 구매한 물건이 도착하면 생각 없이 포장을 뜯고 비닐을 벗겨서 물건을 확인하고 사용했다. 하지만 판매자가 되자 상황이 바뀌었다. 친구한테 보내는 택배처럼 대충 물건을 싸서 보낼 수는 없는 노릇이었다.

일단 앨범을 깔끔하게 보호할 비닐 커버가 필요했다. 그다음은 앨범이 다치지 않도록 뽁뽁이(에어캡)도 필요했고, 마지막으로 앨범을 고급스럽게 보이게 할 금박 스티커도 필요했다. 앨범 크기를 체크해서 인터넷으로 투명 비닐을 주문했지만 도착

지나고 나니 보이는 것들

고객의 목소리, 성공의 나침반

1인 사업의 가장 큰 장점은 빠른 의사 결정과 유연한 대응이 가능하다는 점이다. 사업을 시작하면 처음에는 대부분 잘되지 않는다. 이럴 때 중요한 건 현재 상황에 얽매이지 말고 빠르게 방향을 바꾸는 것이다.

이 과정에서 가장 중요한 지표가 바로 고객의 목소리다. 고객의 피드백은 때로는 사소해 보이지만, 그 안에 성공의 열쇠가 숨어 있다. 처음에는 고객의 요구 사항을 받아들이기 어려울 수 있다. 하지만 경험상 그들의 의견을 경청하고 반영할 때 놀라운 변화가 일어난다.

내가 수없이 고민해서 만든 제품보다, 고객이 슬쩍 던진 의견을 반영한 제품이 훨씬 더 큰 반응을 얻는 경우가 많다. 이는 고객의 목소리가 시장의 요구를 정확히 반영하고 있기 때문이다.

결국, 고객의 목소리는 우리 사업의 나침반이 된다. 이 나침반은 끊임없이 변화하는 시장 환경 속에서 우리가 나아갈 방향을 알려 준다. 성공으로 가는 길을 찾고 싶다면, 항상 귀를 기울이고 그들의 목소리에 따라 빠르게 움직여야 한다. 그것이 1인 사업자가 큰 기업과 경쟁하며 살아남을 수 있는 유일한 방법이다.

다음 날 나는 가장 가까운 북아트 공방에 주말 수업을 신청했다. 북아트 기본을 제대로 배우려면 최소 3개월 이상이 필요했다. 하지만 나에게 필요한 것은 앨범 커버 제작 방법이었다. 강사님도 커버 제작 방법만 알려 달라는 나를 이해할 수 없었을 것이다. 북아트의 핵심은 커버보다 다양한 방법으로 엮은 속지에 있기 때문이다. 3일 동안 나는 북커버를 완벽하게 만드는 방법을 연습하고 또 연습했다. 그렇게 커버 제작 방법을 배운 후 앨범 속지는 제작해 놓은 것을 활용하고 커버에만 다양한 디자인을 적용했다. 고객들이 자신이 원하는 디자인을 선택할 수 있게 말이다. 물론 많은 시행착오가 있었다. 최종 디자인은 앨범 커버에 아기 태명을 넣을 수 있도록 구멍을 뚫는 방식을 선택했다. 하지만 두꺼운 하드보드지에 구멍을 내려면 시간이 너무 오래 걸렸다. 그러나 그 디자인이 가장 예뻤기에 포기할 수 없었다. 앨범 한 권을 만드는 데 4시간이 걸렸다. 그렇게 몇 가지 디자인으로 샘플을 작업한 후, 집에서 핸드폰으로 간단히 촬영 후 블로그에 올렸다.

그렇게 핸드메이드 앨범을 올리자 무플이었던 나의 블로그에 띄엄띄엄 댓글이 달리기 시작했다. "너무 예뻐요" "어떻게 만든 거예요?" "어디서 살 수 있어요?" 물론 구매로 바로 이어지지는 않았지만, 아무 반응 없던 블로그에 누군가 관심을 주기 시작했다.

포기는 없다, 오늘도 달린다

포기하지 않았다. 아니, 포기할 수 없었다.

아이들을 재우며 어떻게 하면 앨범을 팔 수 있을지 고민하고 또 고민했다. 그런 고민은 제품을 제작하기 전에 했어야 했다. 잘 만들면 무조건 팔릴 것이라는 근거 없는 믿음으로 이 상황까지 끌고 온 내가 한심스러웠다. 하지만 반대로 생각하면, 어떻게 팔아야 할지까지 고민했다면 과연 앨범을 제작이나 할 수 있었을까? 판로가 어려우니 포기하자고 결론 냈을 것이다. 과거는 후회하지 않기로 했다. 현재 해결해야 할 문제에만 집중했다.

온라인 사이트에 있는 앨범이란 앨범은 다 뒤지기 시작했다. 그러다 핸드메이드로 북아트 제작을 하는 방법을 알게 되었다. 디자인은 예쁜데 가격이 고가이고 속지까지 모두 손으로 작업하다 보니 시간이 너무 오래 걸린다는 단점이 있었다. 그럼 커버에 예쁜 디자인을 적용하고 속지는 현재 내가 만들어 놓은 앨범 속지를 활용하면 어떨까 하는 생각이 들었다.

성장의 시간들

2부

성장의 시간들

지나고 나니 보이는 것들

침묵의 응원, 기다림의 힘

그때 당시 나에게 가장 필요했던 것은 무엇이었을까? '괜찮아', '그럴 수 있어', '잘 팔릴 거야'라는 따뜻한 응원이었을까? 그랬다면 나는 무너졌거나 나태해졌을 것이다. 반대로 '거봐, 내가 하지 말랬지?', '내가 이렇게 될 줄 알았어!', '애나 보지, 사업은 무슨 사업이야!'라는 말을 들었으면 분노했을 것이다.

남편은 아무 말도 하지 않았다.

기다림, 그것은 남편의 가장 큰 응원이었다. 그의 침묵이 오히려 큰 힘이 되었다. 지금 돌이켜 보면, 그 침묵은 내가 스스로 문제를 해결하고 나아갈 수 있게 만들어 주었다.

사춘기 자녀들에게도 가장 필요한 것은 기다림이라고 생각한다. 전두엽이 아직 미성숙한 두 사춘기 아들을 보면 하루에도 몇 번씩 마음에도 없는 응원을 하거나 진심 가득한 비난을 쏟고 싶다. 하지만 남편이 내게 보여준 그 묵묵한 기다림의 힘을 떠올리며, 나도 아이들을 믿고 기다리려 한다. 그들은 분명 스스로 문제를 해결하고 성장할 것이다. 기다림, 이제는 내가 아이들에게 주는 응원의 선물이 될 것이다.

어 놓은 날, 남편이 그 방을 지날 때 낸 미세한 한숨 소리가 내 폐부를 찌르는 것 같았다. 갑자기 나의 위치는 갑을병정 중 정이 된 듯한 느낌이었다. 남편은 별다른 말은 하지 않았지만 누구보다 잘 알고 있었다. 무언가 잘못되었음을….

나의 작은 혁명

제야 다른 쇼핑몰의 사진을 자세히 분석하기 시작했다. 우선 조명이 가장 큰 문제였다. 자연광이 가장 좋은데 우리가 방문한 곳은 해가 잘 들지 않았다. 자연광이 없을 경우 조명이라도 있어야 하는데 준비하지 못했다. 또한 사진에는 콘셉트가 필요했다. 콘셉트에 맞는 소품도 별도로 준비했어야 했다. 앨범 속지를 자세히 보여주기 위한 세팅도 필요했고, 그 안에 들어갈 샘플 초음파 사진도 필요했다. 그걸 알 리 없는 나는 핸드폰 하나랑 컬러별 제품 한 개씩만 챙겨 갔다. '앨범을 만들어서 판다.' 이 짧은 문장 안에 내재된 기획, 디자인, 제작, 마케팅, 판매라는 수많은 과정을 놓치고 있었다.

사람들은 쉽게 훈수를 둔다. 나도 누군가에게 쉽게 훈수를 뒀다. 한마디 던지는 건 너무도 쉽고 간단하다. 옆에서 보면 당사자는 못 보는 것도 다 보여 그걸 해내지 못하는 사람이 답답하기까지 하다. 하지만 실제 그 경기에 임하고 있는 사람에게는 일의 형편이 그리 녹록하지 않다. 한 걸음 앞으로 나갈 때마다 나타나는 언덕을 넘기도 벅차기 때문이다. 앨범을 만들기만 하면 팔릴 것 같았던 핑크빛 상상은 그저 환상일 뿐이었다. 그 사실을 깨닫기까지 오래 걸리지 않았다.

특히, 남편의 반대를 무릅쓰고 무리하게 제작한 앨범이 지독한 냄새를 풍기며 괴물처럼 방 한 칸을 차지하고 있는 걸 매일 마주해야 하는 현실은 생각보다 괴로웠다. 남편이 퇴근하는 시간이 되면 현관 옆 작은방 문을 꼭 닫았다. 그러다 깜빡 잊고 열

팔리지 않는 앨범

우여곡절 끝에 완성된 앨범이 도착했다. 그제야 나는 정신이 들었다. 만들기에만 집중하고 어떻게 팔아야 할지 생각하지 않았던 것이다.

우선 블로그에 올리기로 했다. 블로그에 올리려니 제품 사진이 필요했다. 인터넷에서 판매하는 제품들의 사진은 퀄리티가 달랐다. 그 정도 사진을 촬영하려면 전문가를 섭외해야 했지만 언제나 그렇듯 비용이 문제였다.

무료로 사진 촬영을 할 수 있는 장소를 섭외하고 사진 취미를 가진 남편에게 도움을 청했다. 얼마 전 수천 개의 앨범을 계단으로 옮기던 짜증 난 남편의 얼굴이 떠올랐지만, 이 상황에서 도움을 요청할 사람은 안타깝게도 남편밖에 없었다.

주말에 아이들을 데리고 사진 촬영 스튜디오로 갔다. 괜찮은 카페에 앨범을 올려놓고 찍으면 예쁘게 나올 거라 생각했다. 하지만 촬영에 들어가 보니 생각처럼 그림이 나오지 않았다. 그

지나고 나니 보이는 것들

시작의 설렘 뒤에 숨은 진짜 시작

사업을 할 때 가장 행복한 시기가 있다. 사업을 시작하기로 마음먹은 그 순간이다. 핑크빛 미래를 그리며 설레는 마음으로 준비를 시작한다. 사업뿐 아니라 인생의 모든 새로운 시작이 그렇다.

회사, 입사 면접을 보고 합격 통지를 받는 그 순간!

결혼, 오랜 연애 끝에 결혼식장에 들어가는 그 순간!

아이, 아기를 기다리다가 임신테스트기에 두 줄이 뜬 그 순간!

집, 대출을 잔뜩 꼈지만 아파트 계약서에 서명하는 그 순간!

여행, 효도를 위해 부모님과 인천공항으로 향하는 그 순간!

하지만 그 모든 것이 현실이 되면 그제야 무언가 잘못되었다는 것을 알게 된다. 내가 상상했던 미래와 현실의 차이는 중요한 선택일수록 간극이 크다.

내가 감당할 수 없을 만큼 힘들다면, 정확히 그만큼 내 삶에 중요한 문제일 가능성이 높다. 지금 당신이 어떤 일로 힘들다면 그것이 당신 인생에 무척 중요한 일이라는 것을 인지하라. 그리고 그 문제를 해결해 보라. 어쩌면 도망가고 싶을 때, 당신 삶의 가장 큰 기회가 눈앞에 있는 것일지도 모른다.

시작했다. '조금이라도 비용을 아껴 보겠다는 게 이렇게 짜증 낼 일인가?' '이 정도는 도와줄 수 있는 거 아닌가?' 처음에 가졌던 미안함은 사라지고 '이왕 도와줄 거 말없이 도와주지'라는 적반하장의 마음까지 생겼다. 조금이라도 더 내가 옮기려고 무리했더니 그 후 며칠 동안 팔다리가 후들거려 제대로 걷지 못했다.

앨범은 작은방을 가득 채웠다. 갓 제작한 앨범에서 그렇게 독한 냄새가 날 줄 몰랐다. 아이들에게 영향을 줄까 방문을 닫고 창문은 24시간 열어 놨다. 그렇게 좁디좁은 방 한 개가 나의 사무실이자 남편의 걱정거리가 되었다.

를 낳고 유모차를 끌어야 하는 상황이 오자 불편함은 상상을 초월했다. 당시 유행하던 커다란 럭셔리 유모차는 꿈도 꾸지 못했다. 아이 둘을 데리고 하루에도 몇 번씩 계단을 왔다 갔다 해야 하는 처지에는 최경량 유모차가 최선이었다.

그런 아파트 앞에 엄청난 양의 앨범이 도착한 것이다. 트럭 아저씨는 이런 계단이면 집안까지 옮기지 못한다고 하셨다. 옮기려면 20만 원을 더 받아야 한다고 했다. 배보다 배꼽이 큰 상황이 되었다. 나는 그 돈이 아까워 1층 현관에 놔 달라고 했다. 10원이 아까워 앨범 조립도 마다한 나인데 잠깐 옮기는 데 20만 원을 줄 수는 없었다.

그렇게 1층 현관에 앨범이 하늘과 닿을 듯 가득 차 있었다. 남편에게 앨범 옮길 게 조금 있다고 집에 일찍 퇴근해 달라고 연락을 했다. 눈치 주는 경비아저씨에게 과일을 드리고 남편이 오기만을 기다렸다.

별생각 없이 퇴근한 남편은 1층 현관 앞에 쌓인 앨범 박스들을 보자 표정이 싹 바뀌었다. 그도 그럴 것이, 앨범의 양이 이렇게 많은지 처음 알았을 것이며 그 모든 걸 자기가 옮겨야 한다는 사실에 당황했을 것이다. 무게는 이삿짐센터 아저씨들이 가장 싫어하는 책 박스 무게인 20킬로그램이었다. 허걱 소리가 날 만큼 무거웠다. 남편은 온갖 짜증을 내면서 짐을 옮기기 시작했다. 아무 말 없이 남편과 함께 죽을힘을 다해 옮겼다. 힘들다는 말도 못 하고 티도 못 냈다. 그렇게 2/3쯤 옮기자 나도 슬슬 화가 나기

드디어 완성! 인생 첫 제품

험난한 먹구름을 뚫고 피어난 무지개처럼, 일곱 가지 색의 앨범이 완성되었다. 물론 완제품으로 완성된 것은 아니었다. 앨범 속지, 앨범 표지, 앨범 커버까지 씌워야 완제품인데 그 작업 또한 돈이다. 그 돈이 아까워 구성품을 따로따로 받아서 아이들을 재우고 남는 시간에 내가 조립하기로 했다.

앨범 몇천 권이라고 말로만 들었지 그것이 얼마만큼의 양인지는 가늠하지 못했다. 앨범 공장 사장님이 어디로 보내면 되냐고 물으셨고, 나는 사무실이 없기에 아파트로 보내 달라고 했다.

아파트 앞에 2.5톤 트럭이 도착했다. 파란색 방수포로 덮인 앨범이 바다 속 거대한 흰긴수염고래처럼 느껴졌다. 방수포를 걷자 양이 너무 많아 내 물건이 아니길 바랐다. 나는 70년대 지어진 오래된 아파트에 살고 있었다. 그 아파트는 당시 전기 절약이라는 명분하에 1층과 2층 사이에 엘리베이터가 있는 당황스러운 아파트였다. 아이가 없을 때는 그럭저럭 괜찮았지만, 아이

나의 작은 혁명

> 지나고 나니 보이는 것들

걱정의 다른 이름, 사랑

내가 무슨 일을 하고자 할 때 가장 응원 받고 싶은 사람은 누구일까? 우리는 그 사람이 나랑 가장 가까운 **가족**이길 원한다. 하지만 그 응원을 가장 하기 어려운 존재가 가족이기도 하다. 사랑하는 자녀들이 새로운 길을 떠나고자 할 때 부모는 무한한 응원을 보내기보다 그 새로운 길에서 만날 위험들을 더 크게 감지해 **무한한 걱정**을 쏟아 낸다.

이럴 때 중요한 것은 **서운해하지 않는 것**이다.

만약, 당신이 성공한다면 자기의 성공보다 더 기뻐해 줄 사람은 당신에게 무조건 응원을 보냈던 타인들이 아니라 무한한 걱정을 했던 가족이다. 반대로, 당신이 실패한다면 당신의 아픔을 가장 깊이 이해하고 함께 해결하려 하는 사람도 가족이다.

무한한 걱정의 이면에 있는 **무한한 사랑**을 이해하고 받아들이길 바란다. 가족의 걱정은 당신의 도전에 대한 나름의 격려임을 기억하자.

자 정신없이 친정집까지 뛰었다. 울던 막내는 엄마를 보자 겨우 울음을 멈추고 고팠던 배를 채웠다. 하지만 너무 많이 울었는지 얼마 먹지도 못한 채 잠들어 버렸다. "금방 온다더니 지금 몇 시야? 애가 배가 고파 얼마나 울었는지 아니?" 친정 엄마의 걱정스러운 잔소리가 애정 어리게 들리지 않고 서운하게 들렸다. "내가 늦고 싶어 늦었어? 나도 최대한 빨리 온 거야!" 조렸던 마음과 긴장이 짜증으로 표현되었다. 엄마의 노고에 감사드리지도 못하고 버럭 화를 내며 방 안으로 들어가 버렸다.

　나를 도와주는 사람이 세상 어디에도 없다는 외로움과 억울함이 몰아쳤다. 저녁도 거르고 들어오자마자 수유를 하며 애를 재우던 그 밤의 허기짐은 배고픔이 아니라 인정받지 못한 서러움이었다.

늘 간만에 일찍 들어가려 했는데." "3일째 야근이네." "슙~ 내가 보기엔 비슷한데… 거참 까다롭네." 혼잣말이 몇 배로 크게 들려 나를 움츠러들게 만들었다. 순간 대충 넘어갈까 생각했지만, 그러기엔 너무도 중요한 문제였다. 커버의 채도가 낮아 산뜻하던 앨범이 전체적으로 칙칙해졌다. 미세하지만 그 미세한 차이가 앨범 전체의 분위기를 다르게 만들었다. 도저히 그냥 넘어갈 수가 없었다. "공장장님, 채도가 좀 낮습니다. 아시잖아요~ 한두 해 해 오신 것도 아닌데." 나는 전문가의 자존심을 건드렸다. 공장장님은 더 이상 아무 말도 하지 않았다.

그렇게 조금만 더, 조금만 더 하며 최종 컬러가 나오자 저녁 8시가 넘었다. 징글징글한 나의 디테일에 다시는 같이 일하고 싶어 하지 않겠다는 생각이 들었다. 나 역시 소심한 에너지를 모두 끌어다 쓴 덕분에 온몸이 천근만근이었다. 더구나 수유할 시간이 지나 한계점에 다다르고 있었다. 빠른 걸음으로 지하철로 향했다. 다행히 닫히려던 문 사이로 겨우 몸을 던져 넣어 떠나는 열차에 안착할 수 있었다. 하지만 그 안착을 위해 심하게 뛰었더니 갑자기 모유가 밖으로 분출되기 시작했다. 속옷을 뚫고 윗옷 위로 티 나게 퍼지기 시작했다. 나는 빠르게 팔짱을 끼고 지하철 문에 딱 붙었다. 백 프로 모유로만 수유를 하고 있었기에, 둘째가 배고파 운다고 친정 엄마에게 계속 전화가 왔다. 속절없이 흐르는 모유는 눈물까지 흘러내리게 했다.

세상에서 가장 느리게 달리는 지하철이 정발산역에 도착하

모유 분출 대참사

앨범 커버로 최종 선택한 종이는 오돌토돌 두께감과 질감이 살아 있어 종이보다 원단의 느낌에 가까웠다. 컬러도 수십 종류가 있었다. 고객들이 어떤 색을 좋아할지 몰라 모든 컬러로 제품을 만들고 싶었지만, 제작비는 한정되어 있었다. 최종 선택한 일곱 가지 컬러로 앨범 커버 디자인이 나오는 날이었다. 컬러 확인을 위해 인쇄소에 들렸고, 금방 끝날 것 같아 일산 친정에 아이를 맡기고 충무로로 향했다. 한 시간이면 끝날 줄 알았던 일은 원했던 색이 나오지 않아 생각보다 길어졌다. 퇴근 시간을 훌쩍 넘겨 골목 술집에 사람들이 하나둘 차기 시작했다.

나는 수유 중이라 몇 시간에 한 번씩 아이에게 젖을 먹여야 했다. 수유를 하지 못할 상황이면 유축기를 가지고 나와야 했는데 금방 끝날 것이라 생각해 빈손으로 나왔다. 얼른 마무리하고 돌아가야 하는데 일이 끝나지 않았다. 퇴근 시간이 지나자 공장장님과 직원들의 짜증이 표정에 그대로 드러나기 시작했다. "오

나의 작은 혁명

$\boxed{\text{지나고 나니 보이는 것들}}$

"아이가 있어 일하기 힘들어요"

나 또한 아이가 어리면 일하기 어려울 것이라고 단정했다. 그리고 실제로 아이가 있으면 일하기가 쉽지 않다. 하지만 돌이켜 보면 나는 아이들 덕분에 지금까지 일할 수 있었다.

첫째, 아이를 위해 퇴사를 하지 않았다면 나는 영원히 직장인의 삶을 살았을 것이다. (생각만 해도 끔찍하다.)

둘째, 내가 판매하는 모든 제품은 아이를 기르면서 필요한 아이템들이기에 모든 아이디어의 근원은 육아였다.

셋째, 육아를 병행하느라 사업을 무리하게 확장하지 못했다. 중간에 사업이 정말 잘될 때는 남편을 그만두게 하고 같이 사업에 올인하고 싶었다. 하지만 수많은 '업 앤 다운'을 겪었고, 결론은 그때 무리하게 확장하지 않았음에 얼마나 감사한지 모른다.

넷째, 육아로 시간적 여유가 많지 않았기에 일이 많아지면 직원을 고용해 내가 없어도 일이 돌아가는 시스템을 고안할 수 있었다.

지금 생각해 보면 나는 아이들 덕분에 사장이 되었다. 아이들이 있었기에 나는 더 단단해졌고, 더 현명해졌다. 결국, 나를 성장시킨 것은 아이들과 함께한 시간들이었다.

생글거리며 나를 보며 웃는 막내에게 말했다. "엄마가 성공하면 우리 막내 꼬까옷 가장 먼저 사줄게!" 어쩌면 그것은 포기하지 말자라는 다짐이었다.

먼 훗날 나는 그 약속을 지켰고, 그 막내는 중학생이 되었다. 나의 새로운 아이디어를 누구보다 경청하고 의견을 내주는 든든한 동반자로 성장했다.

반면에 앨범을 만드는 일은 매일 새로운 결정이 나를 기다린다. 그리고 그 결정에 따라 무에서 유가 창조된다. 이 일은 살림과 달리 6개월이라는 제작 기간이 정해져 있고, 판매를 통한 수익을 기대하게 한다. 시작과 끝이 있고 그 끝에 결과물이 있는일, 나는 그런 일을 하는 과정에서 성취감을 느끼는 사람이었다. 앨범 제작이 한 단계씩 완성될 때마다 느끼는 뿌듯함과 성취감은 육아와는 다른 종류의 기쁨이었다. 육아는 아쉽게도 단거리가 아니라 장거리이며 성취감을 느낄 수 있는 일도 아니었기에 나는 일에 더 매달렸다.

그런 나의 애씀을 알아주는 이는 아무도 없었다. 그 시절 나를 도와줬던 유일한 사람은 남편이 아닌 한 살 막내였다. 남편은 내가 무슨 일을 하는지 궁금할 여유도 없이 바빴다. 첫째는 유치원에 다녔고 막내는 온종일 돌봐야 했다. 다행히 막내는 순한 기질이라 업어 주기만 하면 잘 자고 잘 놀았다. 제품 제작을 위해 대중교통을 이용해 돌아다녀야 하는 그 긴 여정에도 막내는 생글거리며 내 등에 업혀 있었다. 그것만으로도 족했다. 아니, 너무도 감사했다.

돌도 안 된 어린아이가 있어 일을 못 할 것이라고 생각했는데 오히려 막내가 이 일을 계속할 수 있게 도와주었다. 옛날 전래 동화에 어린아이를 업고 어두운 밤 산길을 넘는데 그 어린것이 의지가 되었다는 이야기가 있다. 나 역시 마찬가지였다. 지하철이 연착되어 기저귀 갈 시간을 놓쳐 찝찝할 텐데도 울지 않고

한 살 둘째와의 약속

일은 순조롭게 진행되었다. 앨범 완성이라는 하나의 목표를 향해 달리는 경주마 같았다. 어떤 보상도 없고, 누구의 응원과 지지도 없지만 해내야 할 일이 있다는 것만으로도 힘이 났다.

육아와 살림은 그리스 신화 속 시시포스의 형벌처럼 느껴졌다. 죽을힘을 다해 언덕 위로 돌을 굴리지만 다음 날이면 다시 굴러 내려온 돌을 올려야 하는 운명과도 같았다. 일어나자마자 전날 못한 설거지를 하고, 아침을 준비한다. 아이를 깨워 씻기고, 밥 먹이고, 옷을 입힌다. 남편 셔츠도 다린다. 중간에 둘째가 깨면 기저귀를 갈고 젖을 먹인다. 첫째를 유치원에 데려다주고 집안일하다 보면 어느새 하원 시간이다. 놀이터에서 놀아 주고, 집에 와서 저녁을 먹이고 씻기고 재운다. 아이들이 잠들면 드라마와 치킨으로 하루의 피곤함을 달래 본다. 그러다 둘째가 깨면 치킨 먹은 그릇을 설거지통에 던져 놓고 재우러 들어간다. 다음 날 아침, 어제 던져 놓은 설거지를 하며 다시 하루를 시작한다.

나의 작은 혁명

지나고 나니 보이는 것들

당신의 거절을 거절합니다

사업을 시작하기로 결정한 후 가장 먼저 익숙해져야 하는 것 중 하나는 '상대의 거절'이다. 일로 처음 만났을 때 나에게 호의적인 경우는 단 하나, '사기꾼'뿐이다. 거절을 감정적으로 받아들이지 말길 바란다. 상대가 거절한 것은 내가 아니라 나의 의견일 뿐이다. 그리고 그가 한 '거절'을 설득할 수 있다면 당신은 훌륭한 사장의 자질을 가진 것이다. 거절을 받아들이고 극복하는 과정은 우리를 더욱 강인하게 만든다. 거절은 우리의 내면을 단련시키고, 역경을 극복할 수 있는 힘을 길러 준다. 누군가의 거절을 당연하게 받아들이고, 누군가의 요구에 명확하게 거절할 수 있는 힘이 생긴다면 도전할 수 있는 세상의 크기가 훨씬 커질 것이다.

도 바빴다. 어렵게 문을 열고 들어가도 "어떻게 오셨어요?"라고 묻지도 않는 경우가 다반사였다. 한 손에는 기저귀 가방을 들고 애까지 업고 들어온 아줌마를 기꺼이 반겨 줄 여유는 더욱 없었다. 가게 문턱은 낮았으나, 수십 년 도매시장에서 산전수전 공중전을 치른 베테랑 사장님들의 마음의 문턱은 너무도 높았다.

그렇게 수많은 문전박대를 당하며 나도 모르게 조금씩 단단해졌다. 처음엔 퉁명스럽고 투명인간처럼 대하던 사장님들도 장기간 거래를 하다 보니 누구보다 정이 많음을 느낄 수 있었다. 이젠 누군가의 거절에 더 이상 상처받거나 쫄지 않는다. 그런 단단함이 쌓이면서 세상을 보는 눈과 마음이 조금씩 커져 갔다.

가끔은 원하지 않는 방향으로 흘러가더라도 뒤에서 구시렁거리기만 할 뿐이었다. 책임이 나에게 있는 것이 아니었기에 시키는 일만 끝내면 그만이었다. 하지만 사장이 된 후에는 달랐다. 앨범의 모든 결정과 책임은 오롯이 나에게 달려 있었다. 누구한테 물어볼 수도, 누가 책임져 줄 수도 없었다. 재질과 색상에 따른 매출 결과에 대한 책임은 나에게 있었다.

살면서 온전히 책임져야 했던 적이 있었던가? 항상 핑계를 댈 누군가가 존재했다. 때론 부모였고, 선생님이었고, 상사였다. 하지만 창업은 백 퍼센트 내 책임이다. 더구나 창업을 지지하는 가족이 없었기에 모든 결정 하나하나가 너무도 무겁게 느껴졌다.

밤마다 아이들을 재워 놓고 디자인을 고민하고 샘플을 만들기 위해 필요한 재료들을 체크했다. 다음 날 오전에는 큰아이를 어린이집에 데려다주고 재료상이 몰려 있는 방산시장에 갔다. 내 등에는 돌도 안 된 막내가 발을 달랑거리며 매달려 있었다. 시장 구석구석을 돌아다녀 봤지만 원하는 재료를 찾기란 쉽지 않았다. 더욱이 어린이집 하원 시간에 맞춰 종로에서 집으로 돌아가야 했기에 시간은 언제나 빠듯했다.

지금은 오랫동안 거래하는 업체가 있어 전화 한 통으로 모든 것이 해결된다. 하지만 그때는 아는 업체가 없어 원하는 재료 하나를 찾기 위해 몇 날 며칠을 고생해야 했다. 원하는 재료를 찾더라도, 대량의 도매 물량을 처리하고 있는 사장님들은 너무

손끝에서 탄생한 나의 첫 사업

앨범 제작을 결정하면 곧바로 완성품이 나올 줄 알았다. 하지만 현실은 달랐다. 내가 찾은 공장은 앨범 속지만 제작했다. 완제품을 원하면 커버 제작을 다른 업체에 맡겨야 해서 가격이 크게 올랐다. 결국 이 공장에서 속지만 주문하고 커버는 직접 알아보기로 했다. 가격을 낮추기 위해 나의 시간과 노력을 갈아 넣기로 한 것이다.

큰 착오였다. 완제품이 비싼 이유는 그만큼의 노하우가 있기 때문이다. 간단히 생각했던 디자인은 앨범 커버 디자인으로 끝나는 작업이 아니었다. 커버 재질을 종이로 할 것인지, 가죽으로 할 것인지, 종이로 할 거면 어떤 종이로 할 것인지, 종이 파는 곳은 어디인지 그리고 색상은 어떤 걸로 선택할 것인지. 매일매일 수많은 과제들이 몰아쳤다.

직장인으로 일할 때, 최종 결정은 내 몫이 아니었다. 상사의 판단을 도울 정보를 정리해서 제공하는 것까지만 내 일이었다.

나의 작은 혁명

지나고 나니 보이는 것들

무지가 주는 용기,
때론 돈키호테가 필요하다

사업을 10년 이상 하고 있는 지금의 나였다면, 그날 전혀 다른 선택을 했을 것이다. 그 가시밭길로 나를 밀어 넣지는 않았을 것이다. 하지만 아이러니하게도 처음이었기에 무모한 도전을 했고, 그것을 해결하기 위해 다양하고 창의적인 방법을 강구했다. 마치 돈키호테가 풍차를 거인으로 착각하고 싸웠듯이, 나의 무지는 오히려 불가능해 보이는 도전을 가능하게 만들었다. 무엇을 알고 있다는 것, 또는 어느 분야에 성공을 거두었다는 것이 오히려 독이 되어 새로운 도전을 막는 경우가 많다. 돈키호테의 순수한 열정과 이상주의가 때로는 현실의 한계를 뛰어넘는 힘이 되는 것처럼 말이다. 당신이 무언가를 하고 싶다면 타인의 조언을 너무 많이 듣지 말라. 최악의 상황에서도 감당할 수 있다는 자신감이 있다면 우선 저질러라. 그리고 그것을 해결하는 방법에 집중해라. 때로는 돈키호테처럼 비현실적으로 보이는 꿈을 꾸고 도전하는 것이 새로운 현실을 만들어 내는 원동력이 된다.

몇천 권, 몇천 권'이 뱅뱅 돌았다.

뭐 하나 한 번에 가는 것이 없었다. 언덕 하나를 넘으면 다른 언덕이 나오고 그 언덕 뒤에는 또 다른 언덕이 기다리고 있었다.

하지만 아무리 생각해도 여기까지 어떻게 왔는데 포기할 수 없었다. 나는 몇천 권의 앨범을 만들기로 했다.

반응이 있으면 조금씩 늘리고 싶었다. 하지만 열 권은 안 만들어 줄 것 같아서 나름대로 무리해서 "백 권 정도 안 될까요?" 하고 작은 목소리로 말했다.

사장님의 표정이 미세하게 흔들렸다. 온화하던 미소는 어느새 '이 여자가 바빠 죽겠는데 장난하러 왔나?'라고 말하듯 차가운 표정으로 바뀌었다. 최소 수량이 몇천 권은 되어야 제작이 가능하다고 했고, 할 거면 하고 안 할 거면 얼른 가라는 말투였다.

백 권도 아니고 몇백 권도 아니고 몇천 권이라니? 순간 나는 당황했다. 고민해 보고 연락하겠다고 명함을 건네받고 쫓기듯 공장을 나왔다. 들어올 때는 당당하고 귀한 손님이었지만 나갈 때는 돈 없는 진상 고객이 된 기분이었다.

사장님은 토요일 오전에 출근하지 않는데 나 때문에 출근하셨다. 어렵게 나온 자리에서 백 권을 주문하는 초보 아줌마가 어이 없어 왕소금을 뿌렸을지도 모른다. 하지만 제아무리 단호한 결심이 섰어도 짠내 나는 경제 사정에 최소 몇천 권 발주라는 현실은 나를 흔들기 시작했다. 내가 과연 팔 수 있을까?

공장에서 나오자 저 멀리 세워진 차 앞에 돌도 안 된 아이를 안고 선 남편과 천둥벌거숭이처럼 뛰어노는 첫째가 보였다. 남편에게 이 사실을 어떻게 말해야 할지 고민이 되었다.

차에 타자 남편은 이야기가 잘 되었냐고 물었고, 나는 그렇다고 답했다. 남편이 더 자세히 물으려 했지만, 다행히 둘째가 울어 대화를 피할 수 있었다. 하지만 나의 머릿속에는 '몇천 권,

시나 해서 손잡이를 돌리자 쓱 돌아갔다. 이제 밀기만 하면 된다. 그렇게 밀려는 순간 안에서 문이 열렸다.

키는 작지만 다부진 체격에 문신이 새겨진 팔뚝을 내민 할아버지가 환한 미소로 나를 반긴다. 사무실 안 풍경은 70년대 레트로 감성이 물씬 풍기는 가구와 집기들로 '사양 사업'인 앨범의 위치를 적나라하게 표현하고 있었다. TV에서는 뉴스가 흘러나오고 세월의 흔적을 그대로 담고 있는 낡은 가죽 소파는 오히려 나의 긴장을 풀어주었다.

오랫동안 손님이 오지 않던 가게에 귀한 손님이 방문한 것 같았다. 사장님은 인생의 흥망성쇠를 다 겪고 난 후에야 가질 수 있는 너그럽지만 투박한 손으로 달달한 믹스커피를 타서 내 앞에 내려놓았다.

외모와 달리 인자하고 따뜻한 목소리의 사장님은 어떤 앨범을 만들러 왔냐고 물으셨고 나는 사이즈가 작은 앨범을 만들고 싶다고 설명했다. 사장님은 앨범 사이즈를 듣더니 당혹스러워했다. 기본 사이즈로 제작해야지 로스율이 적어서 단가를 줄일 수 있다고, 내가 원하는 사이즈로 제작하면 종이 손실률이 너무 커서 효과적이지 않다고 했다. 순간, 흔들렸다. 하지만 남들과 똑같은 제품을 만들어서는 경쟁에서 이길 방법이 없었다. 결국 작은 사이즈로 하겠다고 말씀드렸다. 사장님은 난감해하며 몇 권이나 하겠냐고 물었다.

나는 정말 열 권만 만들어 보고 싶었다. 만들어서 팔아 보고

나의 작은 혁명

아직 첫발도 떼지 못했는데 할 수 있는 게 없었다. 그렇다고 손 놓고 있을 수는 없었다. 방구석에 앉아서 몇 날 며칠을 스무고개 게임을 하듯 인터넷을 돌아다녔다. 제작 관련 카페에 올라온 한 댓글에서 앨범 공장 정보를 겨우 찾아냈다.

두근거리는 마음으로 전화를 걸었다. 신호음은 가는데 전화를 받지 않는다. 희망이 실망으로 바뀌려는 순간 멀리서 "네~ 여보세요" 하고 낮고 탁한 음성이 흘러나왔다. 얼마나 반가웠는지 "안녕하세요! 거기 앨범 제작하는 업체죠?"라는 감격에 겨운 목소리가 훅하고 쏟아져 나왔다.

그렇게 어렵게 연결된 앨범 제작 업체를 방문하기로 했다. 앨범 공장은 경기도 외곽에 있는지라 남편이 쉬는 토요일 오전에 약속을 잡고 아이 둘을 데리고 남편과 함께 공장을 방문했다. 아직 둘째가 어리기에 남편은 밖에서 아이들과 대기하고 나 혼자 앨범 공장으로 들어갔다.

'○○앨범'이라고 크게 써진 공장에서 들려오는 굉음에 선뜻 안으로 발을 들여놓기가 두려웠다. 어디가 입구인지 알 수 없어 여기저기 헤매고 있을 때 담배 한 대 피우러 나온 기름때 묻은 낡은 작업복을 입은 분과 눈이 마주쳤다. 평소 같으면 눈을 피했을 텐데, 누구라도 만나서 반가운 마음에 꾸벅 인사를 하고 사무실 위치를 확인했다. 안내 받은 공장 옆 조립식 건물로 가 노크를 했다.

떨리는 목소리로 "계세요?"라고 불렀지만 대답이 없다. 혹

앨범 공장 습격 작전

목련이 필 무렵 시작된 아이템 찾기는 끈적하고 습한 장마를 지나 한여름 무더위가 시작되는 날 마무리되었다. 그해 가장 더운 날, 나는 앨범을 만들기로 결정했다. 사이즈는 초음파 사진 딱 한 장 들어가는 앙증맞은 크기로 정했다. 이제 제작할 수 있는 공장을 알아보기 시작했다. 앨범을 구매하기는 쉬워도 제작 업체를 찾기란 하늘의 별 따기였다. 앨범을 판매하는 곳에 전화해서 제작 업체를 알려 달라고 할 수도 없고, 앨범을 제작하는 지인이 있는 것도 아니었다.

아이템 결정만 되면 만들기는 쉬울 거라 생각했는데, 앨범을 어디서 제작하는지 알 수가 없었다. 인터넷을 뒤져도 제작 업체 정보는 쉽게 공개되지 않았다. 을지로 방산시장을 돌아다니며 토박이 사장님들에게 물었다. 사양 사업인 앨범을 제작하는 곳을 아는 분은 아무도 없었다. "아마도 중국에서 제작되는 것 같다"라는 절망적인 이야기만 듣고 돌아왔다.

나의 작은 혁명

지나고 나니 보이는 것들

아주 작은 경험에 우리는 괜찮아진다

작은 성공의 경험을 통해 쌓이는 것이 자존감이다. 아주 사소한 일이라도 작은 성공들이 반복되면서 스스로를 괜찮은 사람이라고 인정하게 된다. 태어나서 뒤집기를 처음 성공한 순간, "엄마"라고 처음 말한 순간, 걸음마를 처음 뗀 순간처럼 작은 성공 경험들이 쌓이며 자존감을 키워 간다. 그러다가 본격적인 교육과정에 진입하면서 성적, 대학, 직장, 경제력 등 타인과의 비교로 인해 점차 자존감은 낮아진다.

어쩌면 우리는 다시 어린아이처럼 누구와의 비교가 아닌 스스로의 작은 성공들을 칭찬해 주어야 한다. 잃어버렸던 자존감을 타인으로부터가 아닌 나 스스로 쌓아 가야 한다. 내가 나를 믿어 주기로 한 날, 사라진 줄 알았던 자존감이 다시 찾아왔다. 자신을 믿고 작은 성공들을 축적하며, 스스로를 인정하는 과정이 바로 자존감을 회복하는 길임을 깨달았다.

말이 안 나오지' 하고 생각했을지도 모른다.

겨우 한 고비를 넘었다. 가장 넘기 힘든 산이었다. 사실, 넘기 힘든 산은 남편이 아니라 나였다. 그동안 말했던 수많은 아이디어에 대해 나 스스로가 백 퍼센트 확신하지 못했다. 오히려 남편이 "너무 좋은 아이디어야" 하고 동조했다면, 망하기라도 하면 "당신도 괜찮다고 했잖아"라며 책임을 떠넘겼을 것이다. 남편이 매번 꾹꾹 눌러 나를 화나게 했던 것은 분노 버튼이 아닌 불안 버튼이었다.

하지만 앨범을 제작하겠다고 말하는 나는 단호했다. 제품에 대한 확신이 아니라 이번에는 진짜 만들겠다는 나의 의지가 목소리에 전해졌다. 남편이 동의한 것은 앨범이라는 아이템이 아니라 나의 확고함이었다.

지금 돌이켜 생각해 보면 너무도 무모한 결정이었다. 하지만 그 무모한 결정이 나를 바꿔 놓았다. 내 인생 처음으로 내가 나를 믿어 주기로 결정한 순간이었기 때문이다.

꿈을 위해 남편을 설득한 하루

남편에게 앨범은 어떠냐고 물었다. 반응은 지금까지와 동일하게 '그런 걸 누가 사냐?' '앨범은 사양 사업이다!' '시장조사는 해봤냐?' 등등 팩트로 현실적인 문제를 하나하나 저격해 내 아이디어를 산산조각 내기 시작했다. 그리고 그 대답 이면에는 '아무것도 하지 마'라는 암묵적인 협박이 포함되어 있었다.

사양 사업. 그 단어는 나의 행동을 멈추기에 충분했다. 하지만 그날은 남편의 의견을 받아들이고 싶지 않았다. 이성적으로 남편을 설득할 수 없지만 더 이상 물러설 수도 없었다. "당신 말은 알겠어! 하지만 앨범은 만들 거야." 나는 다분히 감정적이었다. 그동안 쏟아부은 에너지에 대한 나의 마지막 발악이었다.

남편은 전혀 이성적이지 않고 감정만 가득 실린 나의 단호한 대답에 한마디만 더 얹었다간 3차 대전이 일어날 거라 직감한 것 같았다. "하고 싶으면 해야지." 동의도 반대도 아닌 어정쩡한 말투였다. 남편은 속으로 '망해 봐라. 그래야 다시는 한다는 구체화한다.

5. 프로토타입 제작(Prototyping): 초기 샘플을 제작하여 실제 사용 가능성을 테스트한다.

6. 제작 업체 선정(Supplier Selection): 제품을 대량 생산할 수 있는 제작 업체를 알아보고 협상한다.

간단히 요약했지만 제작 업체 선정에 이르기 전까지 수많은 좌절을 겪게 된다. 대부분은 아이디어 개발 단계에서 멈추고, 샘플 제작까지 갔다고 하더라도 제작 업체 선정에서 포기한다. 제품 하나를 완성하기까지 숱한 문제에 직면하게 된다. 문제를 만날 때마다 스트레스를 받으면 이 일을 오래 할 수 없다. 문제를 어떻게 해결할 지에 집중해야 한다.

사장의 다른 이름은 '문제를 해결하는 사람'이다.

> 지나고 나니 보이는 것들

아이디어에서 제품까지
제품 개발 로드맵

인간이 먹고사는 데 이렇게 많은 노력이 들어가는지 결혼하고 아이를 낳고 나서야 알았다. 그 과정에서 맞닥뜨리는 수많은 불편은 모두 돈이 될 수 있다. 돈을 번다는 것은 돈을 받고 누군가의 불편을 해결해 주는 것이다. 그것이 물건이든 서비스든 상관없다. 여성들은 제품 개발을 하는 데 유리하다. 불편을 인지하고 있고 제품을 고르는 안목까지 갖췄기 때문이다.

제품 개발 프로세스

1. 문제 인식(Problem Identification): 일상에서 겪는 불편함을 인지한다.
2. 시장조사(Market Research): 많은 사람이 공통적으로 느끼는 불편인지 체크하고, 기존에 유사한 제품이 있는지 조사한다.
3. 아이디어 개발(Idea Generation): 브레인스토밍을 통해 불편을 해결할 다양한 방안을 모색한다.
4. 콘셉트 개발(Concept Development): 선택된 아이디어를 바탕으로 구체적인 제품 콘셉트를 스케치하고, 기능과 디자인을

내가 원하는 앨범이 없었고 그럼 내가 만들자는 생각으로 이어
졌다.

작고 소중한 이 초음파 사진을 잘 보관할 수 있는 작은 앨범
을 만들기로 결정했다. 나에게 필요한 제품이었고 잘 만들기만
하면 수요는 있을 것 같았다. 눈앞에 그려지는 앙증맞은 앨범이
가슴을 설레게 만들었다.

품은 없어!' '괜한 짓 하지 말고 그냥 애들이나 보자.' '할 수 없을 것 같아.'

만약, 회사를 다니며 준비했다면 그 목소리에 나는 바로 대답했을 것이다. '쓸데없는 짓 하지 말자'라고 현실의 바쁨을 핑계로 바로 포기했을 것이다. 하지만 아이러니하게 우울증에서 나를 꺼내 줄 단 하나의 희망은 남편도 가족도 그 누구도 아닌 일밖에 없었다. 그래서 나는 나의 내면의 목소리와 타협할 수 없었다.

그렇게 수많은 아이디어들이 현실화되지 못한 채 하루하루 버티고 있을 때 서랍 한구석에 방치된 초음파 사진이 살짝 보였다. 사진을 꺼내 보니 그 사진 밑에 첫 아이를 만나서 너무도 감사한 마음이 그대로 적혀 있었다. "2007. 9. 4. 오늘은 손가락을 보았다. 건강하게만 만나자." 이 짧은 문구에 기쁨과 사랑이 느껴졌다. 건강하게만 태어나길 바랐던 그 첫 마음을 모두 잃어버린 채 나는 무기력의 굴레에 빠져 이 예쁜 아이들을 제대로 돌보지 못하고 있었던 것이다.

그 순간 정신이 번쩍 들어 내 마음처럼 아무렇게나 방치된 초음파 사진을 앨범에 보관하기로 했다. 앨범을 구매하기 위해 쇼핑몰에 들어갔다. 초음파 사진은 일반 사진보다 작기 때문에 시중에 판매하는 앨범에 보관하려니 앨범 사이즈가 너무 컸다. 사진을 넣어 보면 빈 여백이 너무 많이 남아 휑한 느낌이 들었다. 오랫동안 디자이너로 일했기 때문에 작은 디테일에 은근 신경을 많이 쓰는 편이다. 그렇게 며칠 동안 앨범을 찾아 헤맸지만

운명을 바꾼 한 장의 초음파 사진

수많은 아이디어가 물거품이 되어 사라졌다. 상상하던 아이디어를 제품화하려고 구체적으로 들어가면 안 보이던 숱한 문제들이 튀어나왔다.

'조립 분해가 가능한 종이로 만든 플레이 하우스'는 아이디어는 좋았으나 집으로 만들 수 있을 만큼 두꺼운 종이는 가격이 비쌌다. 특히, 아이들이 사용하는 물건은 인증 받은 종이를 써야 해서 플라스틱 제품만큼의 제작 비용이 나왔다. 배송 또한 사이즈가 큰 물건이라 비싼 택배비까지 더해지면 기존 플레이 하우스를 사는 게 훨씬 유리했다.

또한 내가 상상하는 대부분의 아이디어는 인터넷 어딘가에 존재했다. 너무 참신한 아이디어라고 생각해서 검색해 보면 비슷한 제품들이 반드시 있었다. 제품을 만들겠다고 호언장담했던 자신감은 미세하게 흔들리기 시작했다. 그 틈을 비집고 귀신같이 나의 낮은 자존감의 목소리가 흘러나왔다. '세상에 없는 제하지 말아야 할 수만 가지의 이유들을 뒤로하고 해야 할 이유 한 가지를 잡고 시작한다는 건 너무도 어려운 일이다. 그 발을 떼는 사람들은 0.1퍼센트도 되지 않는다.

무모해 보일지라도 거기까지 가 보길 추천한다. 거기까지 가면 다음은 어디로 가야 하는지가 반드시 보일 것이다.

지나고 나니 보이는 것들

창업을 가로막는 것들

전업맘들은 창업을 기대하며 수많은 교육을 받기 시작한다. 비누 만들기, 캘리그래피… 처음 들어 보는 자격증을 따기 위해 열심히 배우고 배운다. 배우는 동안 창업이나 일을 할 수 있을 거라는 기대에 부푼다. 하지만 그 과정을 모두 이수하고 나면 창업하기엔 부족해 보이는 실력과 감당해야 할 수많은 리스크들을 직면하게 된다. 창업을 하면 안 되는 수백 가지 이유들이 생겨난다.

그중에 나를 가장 먼저 가로막는 것은 가까운 가족일 것이다. 가족은 나를 아끼기에 창업의 불확실성과 위험성을 걱정하며 반대할 수밖에 없다. 반면, 나를 가장 지지하는 사람은 오히려 나와 거리가 먼 타인이다. 이들은 내 상황을 깊이 알지 못하기 때문에 쉽게 응원을 보낸다. 가족의 현실적인 반대와 타인들의 무책임한 지지, 둘 다 창업에 큰 도움이 되지 않는다.

창업을 가로막는 것도 지지하는 것도 모두 남이 아니라 나임을 인정해야 한다. 내가 단단히 서야 가족을 설득할 수 있으며 나의 길을 걸어갈 수 있다. 끝까지 믿어 주어야 하는 사람은 가족이 아니라 나 스스로임을 잊지 말자.

감'이었다.

성적에 맞춰서 대학을 갔고, 내 수준에 맞는 회사를 찾아 입사했으며, 회사에서 주어진 업무를 성실히 해냈다. 결혼할 시기에 만난 남자와 결혼했고 아이를 낳았다. 인생을 상황에 맞춰 살아왔다. 스스로 판단해 나의 길을 개척해 성공한 경험이 없었기에 내가 하고 있는 선택이 맞는지 누군가에게 검증 받고 싶었던 것이다. 하지만 자신감은 누군가 검증해 주는 것이 아니다. 경험을 통해 차곡히 쌓아 가는 것이었다.

걸 좋아해 대화의 8할은 남편이 주도하고 이끌어 갔다. 그렇게 말 없고 들어주기만 하던 아내가 달라졌다. 집에 와서 쉬고 싶은 남편을 회의실로 끌고 가 앉혀 놓고 일을 시킨 거나 마찬가지였다. 나중에 알았지만, 남자들이 가장 힘들어하는 것 중 하나가 '남의 말 듣기'다. 지금 돌이켜 보면 대박 아이템이라고 쏟아 낸 이야기들은 황당하기 그지없는 것들이었다. 사업이 어디 소꿉놀이도 아니고 돈이 전혀 되지 않을 것 같은 것들을 대박 날 것처럼 쏟아 내는 아내의 희망을 차단하기 어려웠을 것이다. 그래서 조금이나마 도움을 주고자 이성적으로 문제점을 조목조목 조언해 주었다.

하지만 몇 날 며칠 고민한 아이템에 대한 남편의 부정적 피드백에 나도 모르게 화가 치밀어 올랐다. 아내를 위해 도와주려 했던 남편의 순수한 마음은 나의 분노 버튼을 누르고 부부 싸움으로 이어졌다. '뭘 안다고?' '역시 남자들은 몰라!' '다시는 이야기 하나 봐라!'

나 자신도 확신할 수 없는 상황에 모든 것이 두려웠고, 그 불안을 딛고 넘어갈 수 있는 응원이 필요했다. 만약 남편이 나에게 무한한 지지를 보내 주었다면 어땠을까? "당신은 할 수 있어!", "정말 좋은 아이디어야!", "이건 백 프로 성공할 거야! 무조건 해봐"라고 했으면 만족했을까? 사실 그것도 아니다. 대답이 성의 없고 무책임하다고 실망했을 것이다. 그때 당시 나에게 진정 필요했던 것은 누군가의 응원과 지지가 아닌 '스스로에 대한 자신

남편은 남의 편

일을 시작하고 삶의 에너지가 다시 살아났다. 아이디어를 고민하고 정리하다 대박 날 것 같은 아이템을 찾으면 이 내용을 검증받아야 할 누군가가 필요했다. 그 아이템이 나를 벼락부자로 만들어 줄 것 같았고, 만들기만 하면 모든 사람이 살 것 같았다. 그렇게 로또 같은 아이디어를 뺏길까 아무에게도 말하지 못한 채 남편이 오기만을 기다렸다.

남편이 귀가하면 그 어느 때보다 반갑게 맞이했다. 하루 종일 주인을 기다린 강아지처럼 졸졸 따라다녔다. 남편이 씻으려 욕실로 들어가면 문 앞에 서서 엄청난 아이디어를 쏟아 내기 시작했다. 남편은 밥을 먹으며 듣는 둥 마는 둥 하다가 나의 눈치를 슬쩍 보며 다시 듣는 척했다. 모든 이야기는 한 귀로 들어가 한 귀로 사라졌다. 그래도 어쩔 수 없었다. 이 이야기를 할 수 있는 유일한 사람이 남편뿐이었다.

나는 평소에 말이 별로 없는 사람이다. 반면 남편은 말하는

지나고 나니 보이는 것들

왜 그렇게까지?

온라인 쇼핑몰을 시작한 지 13년이 지났지만 항상 생각한다. 나는 왜
그렇게까지 일을 하려 했을까?

나는 겁도 많고 안정적인 것을 좋아하는 사람인데 그때 당시 무엇이
나를 그렇게 무모한 불도저로 만들었을까? 그것은 절박함이었다. 그
거라도 해서 내가 살아 있음을, 무언가 하고 있음을 증명해 내고 싶었
다. 마냥 흐르는 30대의 시간이 세상 속으로 거품처럼 사라져 버릴 것
같아 불안했다. 그 불안이 나를 우울증으로 밀어 넣었고 그 끝자락에
서 지푸라기라도 잡고 싶었다. 덕분에 나도 만나본 적 없던, 내 안 깊
숙이 숨겨져 있던 용기라는 녀석을 처음 만나게 되었다.

판매해야 하는지 인터넷으로 업체도 알아보고 시장조사도 하기 시작했다.

육아와 살림을 해야 하는데 정신은 다른 곳에 가 있었다. 몸은 여기에, 정신은 저기에, 집은 혼란 속에 있었지만 무기력과 불안, 우울은 모두 사라졌다.

지금 돌이켜 보면 나는 주도성이 무척이나 중요한 사람이었다. 하지만 세상에 유일하게 주도성을 가질 수 없는 것 중 하나가 육아다. 아이는 내 마음대로 되지 않았다. 이것은 진리이다. 게다가 나의 유전자를 그대로 가져간 첫째 아이에게도 주도성이 무척 중요했다. 그런 아이를 나의 통제선 안에 두려 했으니 나와 아이 둘 다 불가능한 일을 하려 내내 애써 왔던 것이다.

반면, 일을 시작하자 죽어가던 심장에 순식간에 피가 돌며 빠르게 뛰는 것 같았다. 나는 그제야 숨을 쉴 수 있었다.

되었다. '이런 물건을 만들까, 저런 물건을 만들까?' 우선 아이를 기르며 불편했거나 필요하다고 생각하는 물건들을 하나씩 떠올리며 이리 돌려 보고 저리 돌려 보다 보면 다양한 아이디어와 함께 그 긴 밤의 터널을 순식간에 통과했다.

가장 처음 생각한 것은 첫째가 가지고 싶어 했던 커다란 플레이 하우스였다. 플레이 하우스는 대부분 플라스틱으로 제작되어 거실 한편을 다 차지하는 크기의 집이었다. 비싸기도 했고 자리를 너무 많이 차지해 작은 아파트에 놓을 수 없어 안 된다고 했던 게 생각났다. 친환경적이고 조립이 가능한 종이 박스로 만든다면 가격, 환경, 공간 활용까지 세 마리 토끼를 모두 잡을 수 있다는 생각이 들었다.

몸은 육아에 매여 있었지만 정신은 어떤 아이템을 할까 자유롭게 계속 탐색했다. 우울하기만 했던 일상이 호기심으로 가득 차기 시작했다. 힘들기만 했던 육아는 더 이상 힘들지 않았다.

종이로 만든 플레이 하우스를 만들기 위해 버려진 무거운 냉장고 박스를 큰아이의 고사리 손을 빌려 집으로 옮겼다. 아이와 박스로 집을 만들다 한쪽이 무너져 생각지도 못한 미끄럼틀이 추가되었다. 첫째는 신나서 그 안에 담요를 깔고 인형을 가져다 놓았다.

그러잖아도 정리되지 않은 집에 커다란 냉장고 박스까지 들이자 작은 집은 더욱 작아져 모든 것이 터져 나가기 일보 직전이었다. 그래도 즐겁기만 했다. 저 박스를 어떤 형태로 조립하고 쇼핑몰을 어디에 오픈할지와 물건을 어떻게 팔지에 대한 고민은 쥐꼬리만큼도 하지 않았다. 그냥 물건부터 만들기로 했다. 오직 무슨 물건을 만들지만 생각했다. 오랜만에 목표가 생기니 얼굴에 생기가 돌고 마음이 간질거렸다. 대학을 왜 가야 하는지도 모른 채 공부만 하면 되는 아이처럼 알 수 없는 안도감까지 들었다.

육아 중 가장 힘든 시간은 아이를 재우는 시간이었다. 잠들기 어려워하는 예민한 첫째와 수유를 하며 잠이 드는 둘째를 동시에 재워야 하는 밤이면 시간이 얼마나 걸릴지 예측할 수 없었다. 빨리 잠이 드는 황금 같은 날도 있지만 두 시간이 넘는 길고 긴 밤을 통과해야 될 때도 있다. 그렇다고 이불을 박차고 나와 아이들을 놀릴 수도 없고, 잠들기 싫어하는 그 시간을 버티는 게 모두에게 곤욕이었다.

아이와 함께 그냥 잤더라면 그 시간이 그렇게 길게 느껴지진 않았을 것이다. 하지만 얼른 아이를 재우고 나와 쉬고 싶다는 간절함이 그 시간을 더욱 길게 만들었다. 그렇다고 유일하게 나를 충전해 주는 그 고요한 밤을 포기할 수도 없었다. 가끔은 아이들을 재우다 내가 먼저 잠이 들어 아침을 맞으면 하루 중 가장 행복한 시간을 놓친 것 같고, 하루를 버텨 낼 배터리가 방전된 것 같았다.

하지만 일을 하기로 결정하고 무슨 물건을 만들지 고민하는 순간부터 그 시간은 집중해서 생각할 수 있는 최고의 시간이

심장이 다시 뛰다

일을 하기로 결심했다. 내게 밑 빠진 독을 막아 줄 두꺼비는 '일'이었다.

내가 일을 하길 원하는 사람은 아무도 없었다. 나조차 일을 해야겠다고 생각한 것은 엄청난 비전이 있거나 자아 개발을 위해서가 아니었다. 그냥 되돌이표 같은 이 현실에서 도피할 무언가가 필요했다. 사람마다 도피처는 다르다. 누군가는 옆집 아줌마와 수다를 떨고 또 다른 누군가는 자신이 좋아하는 물건을 사거나 집안을 예쁘게 꾸미며 일상의 스트레스를 해소한다. 하지만 나는 '일'로 그 도피처를 찾고 싶었다.

세 살 된 첫째와 아직 돌도 안 된 둘째를 데리고 할 수 있는 일은 많지 않았다. 할 수 있는 일은 온라인 쇼핑몰 하나뿐이었다. 보통 쇼핑몰을 생각하면 도매로 물건을 구매해서 소매로 파는 형태가 기본이다. 그러나 나는 물건을 만들어서 팔겠다는 생각을 했다. 아무것도 몰랐기에 무모했다.

나의 작은 혁명

> 지나고 나니 보이는 것들

아이는 엄마의 행복을 배운다

그때 나를 괴롭힌 것은 좋은 엄마가 되지 못해서가 아니라 괜찮은 내가 되지 못했기 때문이다. 나는 '좋은 엄마'가 되기 위해 노력했던 것이 아니라 남들이 보기에 '완벽한 아이'를 만들기 위해 애썼다. 식사 시간이 되면 식사 예절을 갖추어 편식 없이 밥을 먹고, 정해진 수면 시간에 마법처럼 딱 잠들고, 밖에서는 어느 누가 보기에도 예의 바르게 행동하는 아이로 만들고 싶었다. 고작 세 살밖에 안 된 아이를 그 틀 안에 넣으려고 무던히도 애썼다. 하지만 아이는 말로 가르칠 수 없다. 오직 나의 행동을 보며 자랄 뿐이다. 아이에게 너그럽고, 아이의 실수를 웃으며 대할 수 있는 괜찮은 내가 됐어야 했다. 부질없는 나의 노력은 나를 점점 지치게 만들었고, 결국 우울감과 무력감에 빠지게 했다. 엄마가 행복해야 아이도 행복하다는 격언은 단순한 말이 아니라 삶의 진실이다. '나는 좋은 엄마인가?'라는 죄책감 담긴 질문보다, '나는 괜찮은 사람인가?'에 대한 본질적인 질문과 답을 찾는 데 더 많은 시간을 쓰길 바란다.

로 이해가 가지 않는 것이다. 나 역시 아이들을 보며 자주 웃었고, 남편과 대화도 잘 했으며, 경제적인 어려움도 없었다. 어디에도 '우울'이라는 단어가 나에게 올 이유가 없었다. 그리고 그 당시는 우울함을 인지할 여유조차 없이 몸과 마음이 고단했다. '피곤함'과 '우울함'의 차이를 분간하지 못한 채 하루하루를 버텨냈을 뿐이었다.

삶의 행복을 결정하는 중요한 요인 중 하나는 '자율성'과 '유능함'이다. 회사를 다닐 때는 출퇴근과 일이라는 제약이 있었지만 그 속엔 분명히 자율적인 내가 존재했다. 하지만 아주 어린아이를 돌본다는 것은 개인의 자율성을 당분간 포기해야 함을 의미한다. 모든 것을 아이에게 맞춰야 하는 그 시간들이 나에게는 감옥처럼 답답하게 느껴졌다. 또한 처음 하는 육아와 해도 해도 끝나지 않는 살림은 나의 무능함을 끊임없이 확인시켜 주었다. 내가 세운 기준은 어렵지 않아 보였는데 그 기준조차 해내지 못하는 나를 마주하는 것은 밑 빠진 독에 물을 채우는 느낌이었다.

나는 그 독을 옮기지도 깨지도 못한 채 매일 같은 일을 반복해야 했다. 하지만 물이 차지 않는 텅 빈 바닥은 내 영혼의 바닥까지 마르게 했다. 전래동화 속 콩쥐처럼, 내게도 밑 빠진 독을 막아 줄 두꺼비가 필요했다.

나의 작은 혁명

쉬고 싶었다.

빨래를 개려고 소파에 앉았는데 창밖이 주황빛으로 물들었다. 오랜만에 마주하는 아름다운 노을이었다. 끌리듯 베란다 구석에 앉아 멍하니 붉어지는 노을을 바라보았다. 구름이 금빛과 주홍빛으로 물들어 하늘이 불타는 듯 아름다웠다. 붉은 빛은 천천히 퍼져 나가며 내 마음 깊은 곳을 건드렸다. 그 노을이 어둠 속으로 사라져 밤이 되었는지도 모른 채 나는 그곳에 앉아 있었다. 시간이 멈춘 듯 주황빛 하늘이 내 영혼을 빨아들였다.

어디선가 나를 부르는 큰아이의 울음소리가 들렸다. 정신이 번쩍 들어 아이에게 달려갔다. 아이가 잠에서 깨 여러 번 나를 불렀지만 나는 그 소리를 듣지 못한 듯했다.

그날의 이상한 기억은 바쁜 일상에 잊혀졌다. 오랜 시간이 지난 후 〈82년생 김지영〉이라는 영화가 개봉되었다. 육아와 일 사이에서 혼란을 겪고 있는 많은 엄마에게 눈물바다를 선사한 작품이었다. 영화는 집안을 치우던 주인공이 베란다에 서서 노을을 멍하니 쳐다보는 장면으로 시작된다. 해가 저무는 하늘이 주홍빛으로 물들어 가는 장면, 아직 영화의 제목도 나오지 않은 도입부에서 주체할 수 없는 울음이 터져 나왔다. 그때 알았다. 내가 그 시절 산후 우울증을 겪고 있었다는 것을.

산후 우울증은 출산 후 많은 여성들이 겪는 경험임에도 불구하고 '우울증'이라는 것을 받아들이기가 쉽지 않다. 인생에서 가장 행복해야 할 시간인데 우울하다는 것이 도저히 상식적으

노을 진 베란다

빨래는 끝없이 쏟아져 나왔다. 하루에도 몇 번씩 흘리고 엎지르고 땀에 젖은 옷들이 세탁기로 들어갔다. 건조기가 없던 시절, 젖은 빨래를 실내 건조대에 겨우 널어놓았다 싶으면 어느새 다시 세탁기 안으로 돌아갔다.

살림에 서툴렀던 나는 아침마다 건조대를 훑으며 마른 빨래를 겨우 골라 아이에게 입히곤 했다. 옷장은 늘 텅 비어 있었다. 건조된 빨래는 예쁘게 개켜 서랍 안에 들어갈 틈도 없이 건조대 위나 소파 구석에 쌓여갔다. 그렇게 쌓인 옷들은 다림질은커녕 구겨진 채로 아이 몸에 걸쳐지기 일쑤였다. 그렇게 하루하루가 빨래와의 끝없는 사투 속에 흘러갔다.

어느 날 오후, 첫째가 저녁 먹기 전에 잠이 들었다. 아이가 잠들면 그렇게 예쁠 수가 없다. 하지만 초저녁에 잠들면 중간에 깨어 다시 늦게 잠들 것 같아 깨워야 할지 잠시 고민했다. 둘째까지 잠이 들어 오랜만에 만끽하는 고요한 저녁이었다. 조용히

나의 작은 혁명

> 지나고 나니 보이는 것들

완벽한 엄마는 없다

일에 대한 보상 심리로 전업주부로서 완벽해야 한다는 강박이 나를 짓눌렀다. 육아를 일처럼 잘 해내야 할 과제로 삼은 것이었다. 육아는 '성과를 내야 하는 과제'가 아니라 아이와 나 모두 **함께 성장할 수 있는 여정**이었다는 것을 너무 늦게 깨달았다.

육아는 마치 거울을 보는 것과 같다. 숨겨 두었던 어린 시절의 상처, 부모와의 복잡한 관계, 그리고 우리 자신의 미해결된 감정들이 모두 아이를 통해 반사되어 돌아온다. 세상에서 가장 사랑하는 아이가 나의 거울이 되어, 회피하고 싶었던 내면의 모습을 매 순간 직면하게 만든다.

하지만 이것이야말로 육아가 주는 또 다른 축복일지 모른다. 상처를 치유하고, 더 나은 사람으로 성장할 수 있는 두 번째 기회를 제공하는 것이다. 아이와 함께 울고 웃으며, 나도 함께 성장하고 있었다.

술에 취해 잠들어 버린다. 나머지 밤은 모두 내가 감당해야 할 시간이다.

휴일도 없이, 아니 어린이집 쉬는 주말이 더 무섭게 매일매일이 반복되었다.

먹고 저러고 있으니 속이 끓어오른다. 체력과 함께 인내심도 급격히 떨어져 날카로운 목소리가 아이에게 그대로 꽂힌다. "얼른! 앉아서 먹어!" 둘째 수유 중이라 내가 할 수 있는 건 제대로 앉아서 밥 먹으라고 엄격한 사감처럼 소리치는 일밖에 없다. TV에서는 안 먹을 땐 과감히 치우라는데 밥을 하루 종일 안 먹은 것 같아 어르고 달래다 결국은 화를 내며 꾸역꾸역 먹인다.

7시에 마무리하기로 한 저녁 식사는 8시가 훌쩍 넘어 마무리된다. 온 집안이 폭탄을 맞은 듯하다. 나는 너무 피곤한데 첫째는 눈을 반짝거리며 놀거리를 찾아다닌다. 그러다 꼬물거리는 동생이 귀엽기도 하고 질투가 나기도 해서 슬쩍 꼬집기라도 하면 집안은 울음바다가 된다. 그때까지 남편은 돌아오지 않는다. 바쁜 회사 생활로 남편의 귀가는 언제나 늦다.

겨우 잠자리에 눕혀 10시부터 재우기 시작하면 잠이 들랑말랑 한 순간이 온다. 이제 이대로 잠들기만 하면 나의 꿈 같은 혼자만의 시간이 온다. 조심히 숨을 몰아쉬며 숨죽여 있을 때 '띡띡띡띡~ 띠로리~' 현관문 열리는 소리가 들린다. 잠귀 밝은 첫째가 눈을 번쩍 뜨고 현관으로 달려간다. 하늘이 무너진다.

남편은 거하니 취해서, 뛰어오는 아들을 안고 하루 새 까끌까끌해진 수염을 아이 얼굴에 비비며 행복해한다. 따끔거리는 아빠의 수염이 싫기도 재밌기도 한 첫째의 웃음소리가 온 집안을 가득 채운다. 잠들었던 둘째마저 깨서 집은 다시 활기를 되찾는다. 나만 빼고. 그렇게 남편은 아이들과 행복을 잠시 만끽하고 잠시 누워 있으면 둘째가 칭얼거린다. 아이를 업고 밀린 집 안일을 해 보지만 서툰 살림 솜씨는 눈앞에 보이는 것만 치우기에도 버겁다. 빨래하고, 밥 하고, 청소를 하고 나면 어느새 오후가 된다. 한 것도 없는데 오후다.

첫째 하원에 맞춰 둘째를 외출복으로 갈아입힌다. 놀이터에서 놀다 들어올 예정이므로 간식에 기저귀, 여벌 옷, 물통을 챙겨서 어린이집에 간다.

어디든 올라가길 좋아하는 첫째는 기린 놀이터 미끄럼틀에 꼭 가야 했다. 다른 아이들은 안전하게 미끄럼틀을 탔지만 우리 첫째만 미끄럼틀 위로 70센티미터나 더 높은 기린 머리까지 기어이 올라갔다. 그것뿐 아니라 보도블록 틈 사이로 줄줄이 기어 나오는 개미도 관찰해야 했다. 모래 놀이터에서 터널 만들기까지 끝내야 겨우 집으로 데리고 올 수 있었다. 5시에 집에 가기로 한 일정은 어느새 잊히고 6시가 넘어 집에 도착한다. 밥도 하고 두 아이 모두 씻겨야 하는데 손은 느리다. 둘째 기저귀 가는 그 짧은 시간에 온 집안을 돌아다니며 장난감을 꺼내는 첫째의 속도를 도저히 따라갈 수 없다.

빠르게 식사 준비를 하고 식탁에 앉혀 밥을 먹이려고 하면 그 틈을 못 참고 둘째가 울기 시작한다. 태어난 지 얼마 되지 않아 수시로 수유를 해야 했기에 젖을 먹이고 있으면 어느새 첫째는 식탁에서 내려와 돌아다니고 있다.

아침도 제대로 안 먹고 오후 간식만 먹었는데 저녁까지 안 완벽했다. 리스트를 정리하고 이 간단한 일을 시간에 맞춰 하기만 하면 된다고 생각했다. 서툰 요리 실력이지만 금값만큼 비싼 1++ 등급 한우와 유기농 야채를 다져서 볶음밥을 만들었다. 아이들에게 좋지 않은 소금, 설탕, MSG는 일절 사용하지 않았다. 너무도 건강하고 밍밍한 밥이었다. 첫째는 한 숟갈 입에 물고 거실을 돌아다니기 시작했다. 돌아다니지 못하게 아기 의자에 안전벨트를 채우고 앉히니 숟가락으로 장난을 친다. 부글거리는 마음에 어금니를 꽉 깨물고 "준산아~ 얼른 먹자~ 그래야 〈뽀로로〉 보지~" 하고 꾀어도 보고 달래도 보고 혼도 내지만 식사는 끝나지 않았다.

겨우 식사를 마치고 등원을 위해 옷을 입히려면 숨바꼭질하듯 여기저기로 도망치기 시작한다. 실랑이 끝에 겨우 옷을 입히면 둘째가 깨서 운다. 얼른 달려가서 안고 기저귀 갈고 모유 수유까지 마치는 동안 집안이 조용하다. 조용하다는 건 어디선가 사고를 치고 있다는 불길한 징조다. 큰아이는 어느새 욕실에 들어가 물장난을 하느라 어렵게 입힌 옷을 적셔 나온다. 아직 문밖에 나서지도 못했는데 나의 영혼이 먼저 나가 버렸다. 정신줄을 다시 잡고 첫째 옷을 입히고 둘째를 업고 겨우 등원시킨다.

첫째를 어린이집에 보낸 후 집에 도착하면 식탁 위엔 정리되지 않은 식판과 거실에 널브러진 옷, 쏟아져 있는 레고가 나를 기다린다. 기운 빠진 나는 그대로 침대에서 기절한다. 겨우 어린이집만 보냈을 뿐인데 말이다.

완벽한 엄마 되기 프로젝트

어렵게 결정한 퇴사. 보상 심리로 나는 완벽한 엄마가 되기로 결심했다. 하루 일과를 엑셀로 정리하고 그 리스트에 따라 생활하면 될 것 같았다.

08:00	기상
09:00	아침 식사
09:30	어린이집 등원
16:00	어린이집 하원
16:30	놀이터 방문
17:00	목욕
18:00	저녁 식사
19:00~21:00	놀이
21:30	취침

나의 작은 혁명

회사를 그만두었다. 화려한 퇴사 파티도 없이 작은 박스 하나를 안고 마지막 퇴근길을 조용히 걸어 나왔다.

금요일 저녁, 매일 걷던 광화문 거리의 술집은 거하니 취했거나 이제 취하려고 들어가는 사람들의 에너지로 활기찼다. 삼삼오오 모인 직장인들은 상사를 안주 삼아 신나게 씹어대며 술 한잔으로 일주일의 스트레스를 씻어 내고 있었다. 그리고 꿀맛 같은 주말이 기다리고 있는 집으로 돌아갈 것이다. 얼큰하고 사람 냄새 나는 광화문 뒷골목이 마지막인 것 같아 마음에 허한 바람이 불었다.

마지막 날이라고 남편이 퇴근길에 마중을 나왔다. 나의 공허에는 전혀 관심 없는 사람처럼 "당신 좋아하는 삼겹살 먹고 들어갈래?" 하고 평소와 똑같이 말했다. 서운함이 밀려왔다. '퇴근 후 먹는 삼겹살에 소주'와 '퇴사 후 먹는 삼겹살에 소주'의 차원이 다른 간극을 남편은 몰랐을 것이다. 나 역시 그날 처음 알았다. 내일이 있는 사람과 없는 사람의 차이를.

"이제 둘째부터는 너희가 키워라, 더 이상 나도 힘들다."

끝까지 회피하고 싶던 순간을 마주한 것처럼 온몸에 기운이 쭉 빠지며 서운함이 밀려왔다.

그날 오후 가출을 감행했다. 잠깐 근처에 가더라도 어디를 간다고 말씀드렸는데 첫째 아이와 부른 배를 안고 아무 말 없이 나왔다. 눈치 빠른 어머니는 며느리의 소심한 반항임을 아셨고 집 나간 며느리를 찾지 않으셨다. 나 역시 홧김에 집을 나왔지만 갈 곳이 없어 몇 시간 만에 조용히 들어갔다. 나의 가출은 어머니의 생각을 되돌릴 수 없었고 선택해야 했다. 아이를 다른 사람에게 맡기고 회사를 다닐 것인지 그만둘 것인지.

아이를 맡긴다 하더라도 고민은 쉽게 해결되지 않는다. 두 아이를 모두 맡아 줄 베이비시터를 구하기는 쉽지 않고 비용도 만만치 않다. 두 가지 모두 해결하더라도 과연 부모님만큼 아이를 믿고 맡길 수 있을지가 가장 큰 걱정이었다. 그때 당시에 뉴스에 아이를 학대하는 베이비시터가 대대적으로 보도되었기 때문이다. 매일 밤 해결되지 않는 문제를 안고 끙끙 앓았다. 남편은 나의 고민을 들어주긴 했지만 자기 일이 아닌 듯 무심했다. 결정은 나에게 달려 있었다.

결국 나를 믿고 여러 가지로 도움을 준 새로운 부서 팀장님께 죄송하다는 말과 함께 퇴사를 결정했다. 답도 없던 문제를 딱 끊어버리자 오히려 홀가분했다. 팽팽하던 긴장의 끈이 한 번에 끊겨 힘없이 툭하고 떨어지는 기분이었다. 그렇게 7년간 다녔던

나의 작은 혁명

시어머니의 파업

부서를 옮기고 열정이 다시 타올랐다. 회사 내 중요한 부서라 팀 분위기가 좋았다. 카리스마 팀장이 직원들의 칼퇴를 독려했기에 근무 시간에 더 집중해서 일할 수 있었다.

그러던 중 둘째를 임신했고, 이 기쁜 소식을 시어머니에게 가장 먼저 전했다. 순간 표정이 싸늘해지셨다. 당시 시누이와 우리 아이 모두 돌보고 있던지라 나의 임신 소식이 반갑지만은 않았을 것이다. 이해는 했지만 그래도 서운한 마음이 가시지 않았다. 어머니도 순간 당황하셨는지 축하한다고 말씀은 하셨지만 갈 곳 잃은 눈동자는 저녁 내내 자리를 찾지 못했다.

당연히 둘째도 부모님이 봐 주실 거라 생각했다. 너무 힘드시면 도우미를 구해서 도와드리면 된다고 간단히 생각했다. 모든 상황을 내 위주로만 돌리며 부모님 희생을 당연한 것으로 여겼다.

어느 날, 어머니는 나를 불러 앉혀 놓고 단호히 선언하셨다.

어느새 회사에서 나는 버리기는 아깝고 놔두자니 돈이 많이 드는 그런 계륵 같은 존재가 되었다. 새로운 팀에 옮겨 최선을 다하려 애를 썼고 다행히 옮긴 부서에도 좋은 사람들이 많아 잘 적응했을 때쯤 둘째를 임신했다.

깊고 어두운 바닷속에 있던 나를 잠시라도 햇빛에 꺼내 뽀송하게 말려 준 분이었다.

이익을 내지 못하는 사업부 분위기는 냉랭하기 그지없었다. 업무 특성상 여자 직원이 많은 부서라 출산과 육아에 대한 이해가 공유될 것 같지만 칼바람 부는 전쟁에서 살아남은 두 명의 여자 팀장 중 한 명은 아이가 없는 딩크족이었고, 한 명은 미혼이었다. 그녀들은 전쟁의 생존자답게 일과 정치를 열심히 했다. 육아휴직을 끝내고 돌아와서도 칼퇴를 위해 노력하는 나를 이해하기 어려웠을 것이다.

시부모님은 헌신적으로 손주를 돌봐 주셨다. 하지만 가끔 야근이나 회식이라도 있으면 죄인처럼 마음이 불편했고 빨리 가려고 지하철 내에서도 뛰고 있는 나를 보면 현타가 왔다. 특히, 이 모든 것에서 열외인 양 행동하는 남편을 보면 더욱 알 수 없는 억울함이 밀려왔다.

마케팅팀은 돈을 쓰는 부서이다. 하지만 이 상황에 내가 할 수 있는 마케팅은 자잘하고 돈 안 드는 쓸데없는 이벤트뿐이었다. 힘없는 부서의 마케터는 다른 팀에 업무를 요청해도 순위가 밀리고 밀려 결국은 내가 디자인 작업까지 해서 마무리해야 했다. 하루하루 목숨 부지하기 바쁜 영혼 없는 직장인이 되어갔다. 그나마 영업부가 가장 따뜻한 팀이라 그 팀 안에서 겨우 연명하고 있었지만 그나마도 여의치 않아 또다시 다른 부서로 옮기게 되었다.

주중에는 시댁에서 출퇴근을 하고 주말에는 집으로 가는 두 집 살림을 이어 갔다. 처음엔 시댁으로 출퇴근하던 남편이, 어느 날 회식이 너무 늦게 끝나 회사 근처 집으로 퇴근한다고 연락해 왔다. 혼자만의 시간이 좋았는지 집으로 퇴근하는 횟수가 늘어나고, 시댁에서 나 혼자 아이를 재우고 감당해야 할 시간도 늘었다.

직장맘으로서 아이를 위해서 할 수 있는 유일한 일은 모유를 먹이는 것이라 생각했다. 유축기를 싸들고 출근했기에 가능하면 칼퇴를 하려 노력했고, 회식이 있더라도 모유를 보관할 수 있는 냉장고가 있는지부터 확인했다. 퇴근길 지하철에서 보냉가방 속 모유가 상하기라도 할까 봐 가장 빠르게 타고 내릴 수 있는 열차 칸의 번호를 외우며 1초라도 퇴근 시간을 줄이려 노력했다.

당연히 회사에는 유축을 위한 공간은 없었다. 화장실에서 점심시간마다 유축을 하고 냉동실에 얼려 퇴근할 때 가져갔다. 그런 나를 불쌍히 여긴 청소 아주머니가 계단 맨 구석에 있는 자신의 유일한 휴게 공간인 쪽방 한편을 내주었다.

하루 중 유일하게 마음 편히 쉴 수 있는 공간은 환한 사무실이 아닌 아주머니의 어두컴컴한 쪽방이었다. 그렇게 1년간 아주머니의 도움으로 완모를 했고, 선물을 하려 했으나 끝끝내 거절하셔서 매일 아주머니와 듣던 라디오에 사연을 보내 채택된 '대천 김 선물세트'로 감사의 마음을 전했다. 지금 돌이켜 생각해도

나의 작은 혁명

님의 희생에 감동했다. 나중에 생각해 보니, 대출을 잔뜩 끼고 장만한 아파트의 이자를 아들 혼자 갚게 할 수 없는 무한한 자식 사랑이었다. 물론, 첫 친손자라는 점도 플러스 요인이었을 것이다.

입덧이 심해지고 배가 불러오자 더 이상 숨길 수 없어 회사에 말했다. 모두들 축하해 줬지만 내가 없을 동안 그들이 추가로 해야 할 업무는 부담으로 다가왔을 것이다.

육아휴직서를 쓰기 위해 인사담당자를 만났다. 친절한 안부 인사 뒤에 '육아휴직 한 후 복귀하지 않고 퇴사를 하는 경우가 종종 있다'라는 가벼운 전달 사항이 무거운 협박으로 느껴졌다.

육아휴직을 할 때는 반드시 일을 하겠다고 다짐하지만, 3개월 후 어린 아이를 떼어 놓고 출근을 해야 할 시기가 되어, 믿을 만한 도우미를 구하지 못하거나 비용 부담이 큰 경우, 차라리 집에서 아이를 보는 것이 합리적인 선택이 아닐까 고민할 수 있다.

나 역시 그럴 수도 있다고 생각했다. 하지만 육아휴직 한 달이 지나자 회사에 나가고 싶었다. 출근 안 하면 좋을 거란 생각과 달리 하루 종일 집에 갇혀 기본적인 생리현상까지 아이에게 모든 것을 맞춰야 했다. 잠깐 숨을 쉬러 문밖을 나가기도 쉽지 않은 생활이 너무도 답답했다.

나는 어머님의 희생에 감사해하며 회사에 출근하기로 했다. 하지만 출근일이 다가오자 잊고 있었던 회사 내 나의 위치가 떠올랐다. '복도에 버려진 책상'이라는 당혹스러운 꿈까지 꾸었지만 전업주부로 살 용기는 더더욱 없었다.

사업팀에서 마케팅팀원으로 일하게 되었다.

하지만 큰 투자를 한 만큼의 이익은 돌아오지 않았다. 밑 빠진 독에 물 붓는 것처럼 비용만 들어갔다. 결국은 대대적인 인원 감축까지 진행되었다. 신혼여행으로 자리를 비웠던 동료는 상황도 모른 채 퇴직 권고를 받았다.

떠오르는 별이었던 사업팀은 미운 오리 새끼가 되어 눈칫밥을 먹는 신세로 전락했다. 최소의 인원만 남겨 본사 건물 맨 꼭대기 층에 배치되었다.

그 화려한 마케팅팀이 물거품처럼 모두 사라졌다. 나는 영업팀 소속 마케팅 담당자로 혼자 초라하게 목숨을 부지하고 있었다. 사무실 문을 열면 바로 눈이 마주치는 자리, 회사 막내에게나 주어지는 찬바람 부는 그 자리가 회사 내 나의 위치였다.

칼바람이 부는 혼돈의 직장 생활과는 별개로 기다리던 아이를 갖게 되었다. 부모님은 기쁨의 눈물을 흘렸다. 나 역시 결혼하면 주어지는 숙제를 해낸 것처럼 기뻤지만 그 기쁨은 가족 안에서만 머물러야 했다. 회사에 이 사실을 알리는 순간, 불편해질 상황들이 먼저 떠올랐다.

여의치 않은 회사 내 위치를 고려하면 임신은 퇴사와 직결되는 급행열차일지도 모른다. 멋지게 퇴직서를 던져 볼까 생각했지만 전업주부는 내 인생 계획에 없었던 선택지라 두려웠다.

이렇게 심각히 고민하고 있을 때, 시어머니가 첫째 아이를 봐 주겠다고 먼저 제안을 하셨다. 그때는 며느리를 위하는 어머

경쟁이 난무하는 웹 에이전시(광고 대행사처럼 경쟁 PT를 통해 기업의 웹 사이트를 제작하는 회사)를 그만두고 웹 사이트 유지 보수가 주 업무인 안정적인 중소기업으로 이직했다. 일이 쉬울 것이라는 생각은 나의 오산이었다. 집안일처럼 눈에 보이지 않는 일들이 끊임없이 쏟아져 나왔다.

웹 에이전시가 화려하게 흐드러지고 짧게 끝나는 벚꽃 같은 일이었다면, 웹 사이트 유지 보수는 해도 해도 끝나지 않는 잡초 뽑기 같은 일이었다. 매일매일 뽑아도 다음 날이면 새로운 잡초가 올라와 있었다.

그러던 중 회사에 큰 변화가 일어났다. 안정적인 온라인 기반 사업을 하던 회사는 규모를 키우기 위해서 오프라인 업체를 인수했고, 엄청난 자본을 투입했다. 자본뿐 아니라 공격적인 마케팅을 위해 광고 대행사에 있는 유능한 팀장과 과장을 영입해 화려한 마케팅팀을 신설했다.

브랜드와 마케팅에 신경 쓰지 않았던 회사는 광고 대행사 출신의 언변 좋은 팀장의 화려한 프레젠테이션에 온 마음을 뺏겼다.

그 시기 잡초 담당 디자이너였던 나는 그 팀에 들어가기로 했다. 경영학을 전공하기도 했고 특히 마케팅 과목은 교수가 A^{++}를 주고 싶어 했을 정도로 자신감이 있었다. 회사 내에서도 디자이너로 성장할 수 있는 기회보다 마케터로 성장할 수 있는 기회가 많아 보였다. 전직을 신청했고 그렇게 나는 빛나는 신규

육아휴직? 인생 2막의 시작!

사무실 복도에 내 책상과 의자만 덩그러니 놓여 있다.

육아휴직 후 3개월 만에 출근하는 첫날이었다. 책상을 새로 바꾼 것일까 하고 사무실 문을 열었더니 내 자리가 텅 비어 있다. 선뜻 들어가지도 못하고, 박차고 나오지도 못한 채 내쳐진 책상 앞에 망부석이 되었다.

눈을 떴다. 꿈이었다. 그 꿈이 너무 생생해 10년이 훨씬 지난 이 순간에도 사무실 복도의 불빛과 서늘한 공기까지 그대로 느껴진다.

닷컴버블이 넘쳐나던 2000년대, 웹 디자이너가 되어 수많은 프로젝트를 맡으며 나름 괜찮은 디자이너로 살아남았다. 하지만 20대 후반이 되자 밀고 올라오는 젊은 디자이너들과 경쟁하기에는 실력이 바닥나기 시작했다. 아니 바닥나는 실력을 끊임없는 노력으로 메꿀 수 있었지만 더 이상 노력하고 싶지 않았다.

나의 작은 혁명

만으로도 감사한 일이며, 혼자 가는 것 같지만 가는 길목마다 서로 돕고 응원하는 사람들이 있음을 잊지 말라고 말이다.

이 여행은 아이들뿐 아니라 나에게도 많은 말을 걸어왔다. 둘째를 낳고 방 한구석에서 쇼핑몰을 시작하던 날, 어쩌면 난 그날 히말라야에 오르기로 한 것이 아닐까 한다. 포기하지 않고 13년간 그 길을 걷고 있다. 어디가 정상인지 알 수는 없지만 정상이 어디인지는 이제 중요하지 않다. 그 모든 과정이 나에겐 굽이굽이 아름다운 히말라야 산맥을 걷는 길이었다.

길 앞에서 발이 떨어지지 않았다. 더욱이 그 좁은 길조차 먼지 나는 마른 흙과 떨어진 작은 돌들이 섞여 너무 미끄러웠다. 조금만 삐끗하면 황천길로 직행하겠다고 생각하던 그 순간, 앞서가던 말이 눈앞에서 사라졌다. 절벽에서 균형을 잃어 떨어진 것이다. 너무 놀라 온몸이 그대로 굳어 버렸다. 그곳이 진짜 삶과 죽음의 경계선 위임을 직감했다. 죽음의 공포가 순식간에 나를 둘러쌌다. 목숨보다 사랑하는 아이들이 함께 걷고 있다는 사실이 더 두려웠다.

오르막은 산소 부족으로 숨이 차고 걸음이 힘들었지만, 내리막은 순간의 실수가 죽음과 직결되기에, 온 신경이 발끝에 집중되어 하산하는 내내 긴장감이 나를 감싸왔다. 그렇게 8시간 동안 죽음의 공포와 맞서 싸우며 위태롭게 산을 내려왔다. 긴장했던 전신의 근육들이 순식간에 녹아내리며 험난한 여정이 마무리되었다.

남편에게 히말라야는 살면서 가장 힘든 순간 마음의 큰 위로가 되었던 곳이다. 인생을 통틀어 특별한 장소인 만큼 더 나이들기 전에 가족들과 함께 오고 싶었다고 한다. 험난한 산행이었지만 힘든 만큼 우리 모두에게 깊이 새겨진 추억이 되었다.

우리가 아이에게 말해 주고 싶었던 삶의 의미는 히말라야를 걷는 그 길 속에 모두 있었다. 인생을 사는 건 히말라야를 걷는 것처럼 쉬운 일이 아닐 수 있다. 하지만 지나고 보면 너무도 아름다운 것이 인생이라는 것을, 숨을 편하게 쉴 수 있는 것 하나

해발 4,600미터 지점에서 시작한 트래킹은 고작 500미터 오르는 데 2시간 30분을 소요했다. 뛰어서도 올라갈 수 있을 만한 야트막하고 아름다운 언덕 뒤에 숨은 보이지 않는 악마와 처절한 사투를 벌이며 걸었다. 그렇게 시계가 오전 10시를 가리킬 때 우리는 히말라야 5,150미터 콩마루라(Kongmaru La)에 올랐다.

생애 가장 높은 곳에 올랐다는 기쁨보다 더 이상 올라가지 않아도 된다는 안도감이 찾아왔다. 무거운 배낭을 내려놓자 시원한 바람이 긴장으로 흘렀던 땀을 식혀 주었다. 숨을 고르며 눈부신 풍경을 천천히 둘러보았다. 푸른 하늘 아래 만년설 덮인 웅장한 산, 굽이굽이 이어진 황량한 산맥에 펼쳐진 야생화 물결은 더 이상의 아름다움은 만나기 어려울 거라는 경외감을 일으키기에 충분했다.

그곳을 오르기까지 고산병 증상인 극심한 두통, 호흡 곤란, 손발 저림, 식욕 저하 등을 감내해야 했다. 산소가 부족한 오르막을 오르는 것은 평생 나무에 매달려 살던 나무늘보가 생애 처음 땅에 내려와 바닥을 기는 것처럼 느린 걷기와 쉬기를 반복해야 하는 과정이었다. 그 모든 과정을 감내해 얻은 풍경이었기에 벅차오름은 쉬이 가시지 않았다.

하지만 정상에서의 기쁨은 잠시였다. 나흘간 올랐던 길을 하루 만에 반대편으로 내려가야 했다. '내려가는 길이야 쉽지'라고 생각했던 안일한 마음은 하산한 지 고작 10분 만에 달라졌다. 가파른 내리막과 한 사람이 겨우 걸어갈 수 있는 낭떠러지 절벽

히말라야에는 정상이 없다

미친 짓이었다.

갱년기 부부가 두 사춘기 아들을 데리고 히말라야를 오르고 있다. 남편은 무슨 생각으로 우리를 이곳에 데려왔을까? 히말라야를 다녀온 경험이 있는 남편은 말렸어야지. 내가 아무리 가고 싶다고 했어도. 그것도 키가 아빠만 한 남자애 둘까지 데리고 말이다.

사실 그 상황에서 화를 내고 자시고 할 여력도 없었다.

해발 5,000미터 즈음 다다르자 산소 부족으로 숨을 몰아쉬는 것조차 버거웠다. 한 걸음 내딛을 때마다 다음 걸음을 내딛을 수 있을까? 하는 의구심 외에는 어떤 생각도 들지 않았다. 큰아들은 이미 정상 부근에 도착해 나를 기다리고 있었다. 이제 중1이 된 막내아들은 손끝이 저려 스틱도 제대로 잡지 못한 채 산 중턱에서 숨을 고르고 있었다. 남편은 가장 뒤에서 막내와 보조를 맞추며 곁을 지켰다.

나의 작은 혁명

1부
나의 작은 혁명

5부
함께 꾸는 꿈

용감한맘 비공식 창업 멘토링 • 220

1호 꿈의 조력자 — 패션에서 IT까지 • 223

2호 꿈의 조력자 — 맛의 여신 • 228

3호 꿈의 조력자 — 마스크 줄로 대박 난 그녀의 비결 • 232

4호 꿈의 조력자 — 40대에 운동 강사로 인생 역전 • 237

5호 꿈의 조력자 — 몸과 마음의 치유자 • 240

6호 꿈의 조력자 — 떡으로 빚어낸 달콤한 성공 • 244

7호 꿈의 조력자 — 바느질로 꿈을 잇는 그녀 • 249

숨겨진 보석을 찾아서 • 253

인생 2막, 창조하는 삶 • 256

마음에 바람이 들다 • 156

매출 하락의 충격 • 159

위기가 보여준 것들! • 162

다시 시작된 공부 • 165

직원들의 반란 • 168

간장 종지만 한 그릇의 사장 1 • 171

간장 종지만 한 그릇의 사장 2 • 174

간장 종지만 한 그릇의 사장 3 • 177

그녀가 사장이다 • 180

이사 가는 날, 새로운 시작 • 183

4부
새로운 도전과 발견

제주도 한 달 살이가 바꾼 디지털 노마드 1 • 188

제주도 한 달 살이가 바꾼 디지털 노마드 2 • 192

제주도 한 달 살이가 바꾼 디지털 노마드 3 • 195

명품 앨범의 탄생 • 198

시스템을 변경하다 • 202

사장은 씨를 뿌리는 사람 • 205

뿌리 깊은 나무 • 208

프로 응대러의 비밀 • 211

고객은 예술품을 원하는 게 아니다 • 214

2부
성장의 시간들

포기는 없다, 오늘도 달린다 • 86

첫 주문의 기적 • 89

밤에만 일하는 여자 • 93

일하는 여자로 살다 • 96

불행의 여신이 가져다준 행운 • 100

결제 시스템 도입 • 106

장롱면허를 꺼내다 • 110

택배와의 한판 승부 • 113

네이버 입성, 새로운 시작 • 117

미친 듯이 팔리다 • 121

매출이 늘자 찾아온 부부 위기 • 125

일하고 싶은 엄마들 • 128

집과 일의 분리 • 132

직원이 생기다 • 135

워라밸 지킴이, 나만의 공간 • 138

생활비가 끊겼다 • 141

3부
흔들리지 않는 뿌리

세금을 때려 맞다 • 148

사기꾼의 인생 레슨 • 152

목차

프롤로그 • 5

1부
나의 작은 혁명

히말라야에는 정상이 없다 • 16

육아휴직? 인생 2막의 시작! • 20

시어머니의 파업 • 27

완벽한 엄마 되기 프로젝트 • 30

노을 진 베란다 • 36

심장이 다시 뛰다 • 40

남편은 남의 편 • 45

운명을 바꾼 한 장의 초음파 사진 • 50

꿈을 위해 남편을 설득한 하루 • 55

앨범 공장 습격 작전 • 58

손끝에서 탄생한 나의 첫 사업 • 64

한 살 둘째와의 약속 • 68

모유 분출 대참사 • 72

드디어 완성! 인생 첫 제품 • 76

팔리지 않는 앨범 • 80

디지털 스튜디오로 아이템을 전환하는 이 시점은 나에게 또 다른 도전이다. 어쩌면 무언가 시작해야 되겠다고 생각하는 당신과 동일한 출발선에 섰을 것이다. 하지만 나는 그 과정에서 일어날 어려움들을 알고 있다. 시련이 나를 막는 '걸림돌'이 아니라 나를 앞으로 나아가게 할 '디딤돌'이 될 것도 알고 있다. 그래서 처음 시작했을 때보다 훨씬 빨리 갈 수 있을 것이다.

걸림돌에 수없이 넘어졌던 나의 경험들이 당신에게 디딤돌이 되길 바란다. 함께 새로운 길을 걸어가 보자.

요즘 나는 AI 프로그램을 활용하는 디지털 스튜디오를 창업하기 위해 준비 중이다. 13년이라는 시간 동안 쌓아 온 사진과 앨범에 대한 경험을 시대에 맞게 변환하고 있다. 사업을 한다는 것은 변화의 칼날 위에 서서 걸어가는 것이다. 칼날이 조금만 무뎌지면 금세 경쟁자가 들어와 나를 밀친다. 그래서 쉼 없이 칼날을 갈아야 한다. 세상이 어떻게 변하고 있는지, 그 속에서 살아남기 위해 나는 어떤 변화를 이뤄 내야 하는지 끊임없이 고민하게 된다.

만약 내가 육아에 전념하느라 10년이 넘는 공백을 가졌다면 새로운 변화에 올라탈 엄두조차 내지 못했을 것이다. 육아와 병행했기에 전력을 다하긴 어려웠지만 급격히 변화하는 시장의 흐름을 놓치지 않고 꾸준히 그 길 위를 걸었다. 어쩌면 아이들이 사춘기가 되어 더 이상 엄마의 손길을 필요로 하지 않는 이 시기가 진짜 내가 마음껏 나의 일을 할 수 있는 제2의 전성기가 아닐까 생각한다.

처음에는 육아 때문에 다니던 회사를 그만둬야 했고, 사업을 시작했을 때는 제품 아이디어를 내면 반대만 하는 남편 때문에 서운했다. 하지만 돌이켜 보면, 회사를 그만두었기에 창업을 할 수 있었고, 남편이 안정적인 직장에서 버텨 주었기에 편안한 마음으로 다양한 시도를 해 볼 수 있었다.

이 책을 읽고 '무엇 때문에 포기했던 순간'이 '무엇 덕분에 창조되는 순간'으로 변하는 마법을 경험하길 바란다.

막내아들이 묻는다. "엄마는 이 일이 재밌어?" 순간 당황했다. 그리고 처음으로 생각했다. '나는 이 일이 재밌을까? 어떻게 이 일을 13년간 포기하지 않고 할 수 있었을까? 돈 때문이었을까?' 정말 돈 때문이었다면, 초반 몇 년은 수입이 거의 없었기 때문에 그때 포기했을 것이다. 나는 한 번도 일이 지겹다거나, 그만두어 야겠다는 생각을 해 본 적이 없다.

예술가는 창작의 고통을 감내하며 엄청난 시간을 들여 작품을 완성하면 더 이상 그 작품에 미련을 두지 않는다. 그리고 다음 작품을 고민하기 시작한다. 그럴 수 있는 이유는 결과가 아닌 과정을 사랑하기 때문이다. 나 역시 결과보다 일의 과정을 사랑했다. 예술 작품과 비교할 순 없지만 모든 과정 하나하나를 풀어 갈 때마다 작은 성취감을 느꼈다. 누군가에게 도움이 되는 제품을 개발하고, 상품화하고, 고객에게 전달되어 좋은 후기가 쌓이는 모든 과정이 즐거웠다. 더구나 그 결과로 경제적 자립까지 얻으니 이 일을 좋아하지 않을 이유가 없었다.

삶의 모든 과정을 사랑할 수 있으면 인생이 얼마나 행복할까? 하지만 인간은 자기가 특별히 선호하고 즐기는 과정이 따로 있다고 생각한다. 나에겐 그것이 일이었고, 누군가에겐 육아이거나 살림일 수 있을 것이다. 대기업 임원이자 사회적으로 인정받는 위치에 있지만 과중한 업무와 스트레스로 늦은 시간 퇴근하는 남편은 미소를 띠고 노트북에 얼굴을 파묻은 나를 발견하며 놀라워했다.

삶을 선택했다. 하지만 선택 후 백 일이 채 지나기 전에 알았다. 나는 육아와 살림에 소질이 없는 사람이라는 것을. 인정하고 싶지 않았지만 치워도 정리되지 않는 집과 꾸며도 달라지지 않는 모습은 나를 깊은 우울감으로 끌어당겼다. 그 상황에서 벗어나고 싶어 집에서 할 수 있는 일을 찾기 시작했다. 새로운 일을 생각하는 것만으로도 잃었던 생기가 돌았다.

장소와 시간에 상관없이 일할 수 있는 지금의 시스템을 만들기까지 수많은 시행착오를 겪었다. 하지만 그 지난 시간은 그저 애쓰는 시간이 아니라 유일하게 나를 찾을 수 있는 시간이었다. 만약 전업주부로 육아와 살림만 했다면 남편의 성공, 아이들의 성장과 무관하게 채워지지 않는 허한 구석을 붙들고 괴로워했을 것이다. 직장인으로 살았더라도 아이들에게 어려움이 생길 때마다 옆에 있어 주지 못해 죄책감에 시달렸을 것이다.

물론 내가 옆에 있다고 아이들에게 어려움이 생기지 않거나, 아이들이 더 훌륭하게 자라는 것은 아니다. 하지만 목을 가누고, 뒤집고, 앉고, 서고, 걸으며 나를 엄마라고 불러 줬던 그 소소한 처음을 함께할 수 있었다는 것만으로도 충분하다. 먼 훗날 내 삶에 가장 소중하고 의미 있는 시간이 어느 지점이었을까 돌아보면 주저 없이 말할 것이다. 아이들과 나눴던 수많은 처음이었다고. 그러나 아이러니하게도, 그 소중한 시간을 온전히 버틸 수 있게 해 준 것은 바로 **일**이었다.

매일 새벽, 같은 시간에 일어나 똑같은 일을 하는 나를 보며

프롤로그

1월 4일 수요일 오전 9:32 스마트스토어 용감한맘님의 정산금액 5,948,624원이 계좌로 입금되었습니다. 주말을 제외한 매일 오전 네이버에서 문자가 온다. 이 문자를 받기 전, 나의 업무는 이미 끝나 있다. 새벽 6시, 커피포트에 물을 끓이고 차 한잔 마시며 노트북을 켠다. 운영하는 쇼핑몰의 주문량 확인이 하루의 시작이다. 7시가 되면 간단한 아침 식사를 준비하고 아이들의 등교를 돕는다. 8시 20분, 가족들은 학교와 회사로 떠난다. 나는 고요한 집에 남아 직원들이 출근하는 9시까지 그날의 업무를 카톡으로 전달한다. 오전 9시! 그렇게 나의 업무는 마무리된다.

올해로 13년째 쇼핑몰을 운영하고 있다. 사무실은 한 달에 서너 번 정도 출근하고 대부분의 업무는 카톡으로 진행한다.

대한민국에서 아이를 낳는 순간 선택할 수 있는 길은 크게 둘 중 하나다. 아이를 맡기고 직장을 계속 다니거나, 전업주부가 되는 것이다. 둘째 출산 후 나 역시 갈림길에 섰고, 전업주부의

투 아이를 키우며

이경미
지음

워킹맘 창업 고군분투기

쇼핑몰을 합니다

시프